イノベーションの創発プロセス研究

志賀敏宏 著

文眞堂

はじめに

　我々を魅惑するブラックボックスがある。イノベーションの"原石"を生むブラックボックスだ。両側に，入口，出口がある。

　入口から技術，部品，知識，顧客や用途などを入れる。すると出口からイノベーションの原石が出てくることがある。この原石を大勢で時間をかけて磨き上げるとイノベーションの宝石に変貌する。画期的な新技術，新製品，新事業，時には画期的な新企業が生まれる。

　我々は，このイノベーションのブラックボックスを使って多くの至宝を得て来た。ペニシリンやトランジスター，そしてウォークマンや日本語ワープロ，最近では再びアメリカがこの箱をうまく使って，アップルやGoogle，そしてFacebookという企業が急成長している。3Mという企業は永年にわたってこの箱の使い方が得意なようだ。

　しかし，この箱はなかなかの難物だ。ブラックボックス，つまり中で何がいかに起こっているかがよく分からないからだ。一生懸命にいろいろなものを入力してもなかなか原石が出てこないことも多い。千三つという言葉もある。さらには，偽物を出すこともある。原石と思い磨いているうちに，ただの石だったことが分かる。

　それでも我々はこの箱を使いたい，使う必要がある。特に今の日本ではそうである。我々は，ブラックボックスの外で一生懸命良いものを造る。しかし，中国がそれを見て遙かに安く造るのだ。また，韓国は，デザインや使いやすさに工夫を加え，遙かに大量に世界中に向けて造るのだ。アメリカがイノベーションのブラックボックスを使って生みだしたものを中国で造っている。

　イノベーションを生みだしたい，イノベーションの夢を実現しなければ企業である意味がない，企業は生き残れないと思う，技術者，マネージャー，

経営者は多い。そのためにはイノベーションのブラックボックスの中を少しでも解明したい。入口と出口の間では何が起こっているか。そしていかにすれば，この箱がもっと良く機能するのかを知りたい。でき得ればこの箱の中で起こっていることを操作可能として確実に再現したい。

そのためには，この箱の本質を考える必要がある。筆者は，この箱の本質は「実現」と「価値」であると考える。何かが実現できなければイノベーションは起こりようがない。そして，価値がなければイノベーションではあり得ない。

実現を得意とし，価値づくりを手中にすれば，イノベーションが可能となるはずである。

まさにその実現と価値について，イノベーション研究の大御所二人が決定的な言葉を残している。

Druckerは，企業，価値，イノベーションについて次のように語っている。「企業の目的として有効な定義は一つしかない。すなわち，顧客の創造である」[1]，そして「逆に，企業が何であるかをきめるのが顧客である。顧客だけがその支払いの意思によって資源を富に代え，物を商品に代える」[2]とも語る。つまり企業とは，その目的である顧客の創造の結果として，経済的価値を生むものであると規定する。さらに「イノベーションが資源を創造する，・・・。人が利用の方法を見つけ，経済的な価値を与えない限り，何ものも資源とはなり得ない」[3]とDruckerの考えるイノベーションの本質を示す。つまりDruckerにおいて，イノベーションとは，顧客創造を通じて，何ものかに価値を与えるプロセスなのである。

一方，イノベーション研究の創始者であるSchumpeterは，もう一つのイノベーションの本質，「実現」について語った。Schumpeterはイノベーションに関して「我々の意味する発展の形態と内容は新結合の遂行という定義に

1　Drucker, 1954, p. 52.（邦訳（上），46頁。）
2　Drucker, 1973, p. 61.（邦訳（上），73頁。）
3　Drucker, 1985, p. 30.（邦訳，8頁。）

よって与えられる」[4]と語った。これは，イノベーションの実現が新結合の遂行であることを意味している。すなわち，Schumpeterは，イノベーションの客体は，新結合だと言った。

　以上のように，Druckerはイノベーションについてその本質を「価値」から語り，Schumpeterはその本質を「実現」（新結合）から語った。イノベーションの成就においてそれらがいかに機能しいかに関係するのか，それが本書のテーマであるとも言える。

　話を戻して語ろう。Druckerは，我々のブラックボックスの中では価値を生みだす必要があると言い，Schumpeterは，我々のブラックボックスに小窓を開けた。小窓からは新結合が見える。このブラックボックスで何が行われれば，イノベーションの原石が得られるのだろうか。そこでは，Druckerの「価値」はいかにして生成されるのだろうか。

　ここで，我々自身がブラックボックスの中で働く小人（コビト）だと考えてみよう。丁度グリム童話の靴屋で夜中に靴を縫う小人のような我々である。

　我々小人は入口から入ってきた材料を元に，必死に新結合を生みだす。何を目指し，どんな材料を利用し，どんな工夫・方法でどんな新結合を生みだせば良いのだろうか。

　新結合を生みだしたとしよう。その後にも我々小人の重大な仕事が待っている。我々小人は，それらの新結合の中から何をイノベーションの原石として出口に送りだせば良いのだろうか。そもそも誰が新結合を鑑定すべきなのだろうか。また，鑑定基準は明確なのだろうか。もし新種の原石を求めているならば，新たな鑑定基準を生みだすことが求められるのだろうか。

　いかに新結合すれば良いのか，新結合の中からいかにイノベーション（の原石）を見い出せば良いのか，それを少しでも明らかにしたい。さらにその前提として，このブラックボックスの考え方（モデル）がどんなイノベーションにどの程度当てはまるのかを確認したい。

　つまるところそれら三点が本書のテーマである。それによってイノベー

4　Schumpeter, 1926.（邦訳（上），182頁。）

ションのプロセスをいくらかでも可視化し操作可能とすることを目指す。それができれば，より計画的により多くのイノベーションを実現し得るであろう。あるいは，我々が挑戦しようとするイノベーションテーマにおいて，どこに障害があるのか，どこにどの程度の困難さがあるのかを予め見積もる方法論をある程度手にすることができよう。

　上記のテーマについて考える中で，合わせて先のDruckerとSchumpeterの教えがイノベーションに持つ意味を，今よりも遥かに明瞭に知ることもできるだろう。

　このテーマの深掘りをこれから開始しようとする現時点においても，この小窓付きのブラックボックスを考えることで，イノベーションに向けての現下の日本企業の課題が浮かび上がるように思う。

　一つは，結合の過剰である。ガラパゴスと呼ばれる携帯電話は結合としては過剰で，鑑定が不十分なものであろう。そのまま原石として世に出すには疑問符が付く。過剰を削いで妥当な基準による再鑑定に合格してから出す必要がある。また，ごく短期間にコモディティ化して低収益となる事業は，素直に考えると何かが結合不足なのである。より長く差別化する何か，あるいは同じ製品・サービスから収益を確保し得る，顧客から見て魅力有る何か─ビジネスモデルの核となる何かを結合してから出力しなければならない。

　もう一つは過剰な"効率経営"がイノベーションに与えるマイナスインパクトである。イノベーションの必要条件が新結合であるならば，その新結合が魅力的であるためには，魅力ある結合要素が必要であろう。あるいは，それらを魅力的な新結合とするために，我々小人は執拗にそして全身全霊をあげて働かなければならないだろう。"無駄"を徹底的に省き，現有事業の効率を最大化することのみが効率経営ならば，結合要素の不足，結合努力の不足を生み，それがイノベーション不全，新製品・新事業の不足につながる可能性が高い。実際に今，多くの日本企業の経営者，マネージャー，エンジニアから「新しい製品を生めない，新事業が創れない，収益があげられない，あっという間にコモディティ化する」という悩みを聞く。そして日本社会全体でもイノベーションやそれを生みだす企業群，イノベーターが不足してい

ると思われる。何が足りないのか。いかにすれば良いのか・・・。

ここで，本書が検討の対象とするところを簡単に示しておこう。本書ではその範囲においてイノベーションをかなり広く考える。すなわち，個別の技術要素を生むイノベーション，なかでもかなり科学に近い領域のイノベーションから，新製品を生むイノベーション，新たな収益源や新事業を生むイノベーション，新たな事業構造や新企業を生むイノベーションまでを対象と考える。何故なら，先の小窓付きブラックボックスで考えれば，それらのイノベーションを横断的に共通に理解できるからであり，逆にそれらを横断的に理解することにより本書の課題「いかに新結合すべきか，新結合からいかにイノベーションを見い出すべきか，そもそもこの考え方がイノベーションの理解と促進に妥当するか」を多面的に解明できると考えるからである。もとより，科学に近い個別の要素技術のイノベーションと新企業を生むイノベーションとでは，「新結合に用いられる要素や結合方法」及び「新結合から何をイノベーションとして見い出すか」の具体的内容は大いに異なっているだろう。また一般的にはそれを担うべき人材や具体的方法も異なるであろう。しかし，その基本的"構造"には共通性があり，その共通性を考えることがイノベーションのブラックボックスの中を少しでも明らかにするために有意義だと考えるのである。

さて一方，本書ではその程度においてイノベーションを限定的に考えている。全般に"漸進的・連続的"なプロセスをイノベーションと考えるかどうか，これには二つの立場があり得よう。全般に"漸進的・連続的"であっても経済・社会的に価値があればそれをイノベーションとする立場と"画期的・非連続的"プロセスを含まなければイノベーションでないとする立場。本書は後者の立場をとる。もちろん，これは全般に"漸進的・連続的"プロセスを軽視するからではない。先に示した本書のイノベーションモデルが画期的・非連続的プロセスの解明に適すると考えるのみである。すなわちこのモデルがSchumpeterの言う，駅馬車から汽車への"軌道変更"のプロセスの理解に妥当すると考えるのである。

また，原則として本書はイノベーションの前半部分に絞った検討を行って

いる。ペニシリンはフレミングがその効果を見い出してから精製，副作用の排除・確認等に10年の歳月を経て実用化された。原石を磨くこと10年である。投入労力で考えると，特に近時のイノベーションでは後半―原石磨きが前半を上回る可能性が高い。そして，イノベーションの完成のためには，前後半どちらも欠かせず重要である。しかし，この前後には，量を超えた大きな違いがある。それは，質，つまり確実性の差異である。後半は，それが真の原石でさえあれば，専門家の手で確実に磨き上げることができる。一方，前半は不確実である。原石を生みだせる保証はない。

なお，本書では，組織内のチーム・個人のイノベーションを検討対象としている。組織を離れた個人の創造性に焦点を当てる意図はない。

さらに，本書では，実現と価値を考えている。企業経営においては，加えて，競争と収益が重要である。筆者は，現在の企業において，競争が過剰に意識されることも多いと考えるが，もちろんそれを軽視して良いとも考えない。そして競争と収益は，本書で考えるイノベーションの実現・価値とは独立して重要なテーマとなると考える。したがって本書では，例外的な場合を除き競争と収益を対象外の検討課題とする。

本書の主題は，イノベーションが実現できるか，それが欲せられるか，という点にある。

まとめると，本書では，組織的な軌道変更としてのイノベーションについて，その前半すなわち，実現と価値（需要可能性）の認知までを，広範にわたって考えることを目指している。

筆者は，ジャパンアズナンバーワンと言われた1980年代初頭にエレクトロニクス企業の開発エンジニアとしてキャリアを始めた。その時点で，「成功の再生産」と「価値・需要の存否が不透明な極めて高度な技術的困難の克服」の両極端に没頭するかのような日本企業について，「こうしたことを続けていて大丈夫なのだろうか」との不安を強く覚えた。

当時，筆者の担当した映像機器部門では，欧米諸国の市場を日本製のビデオテープレコーダーが席捲していた。極めて高品質な製品を生産し，競争力のある価格でそれを市場に提供することに関して，日本企業は世界を圧倒し

ていた。しかし，その方式の基本特許は米国に依存するところも多かった。また，その実現手段の核となる集積回路の基本特許は米国企業のものだった。そして決め手となる測定の一部は，欧州企業の測定装置に頼っていた。大量・高品質・低価格な生産能力は世界に誇り得たが，その源となるイノベーションにおいて，日本はまだまだフロントランナーとは言えないと思われた。一方，科学に近い基礎的な研究の一部において，日本企業から世界に誇れるものは多々生まれていた。しかし，それをいかに価値（需要）に結びつけるかについては，経営としてあまりにも無頓着だと感じた。「創造的ビジネス」の領域が大きな弱点であるとの認識を持った。

今ふり返れば，その時点で既に，「日本企業は失われた20年と言われる現在につながる課題を抱えていた」と考える。製品の源となる新たな「実現」，そしてそれを「価値」に結びつける営為—創造的ビジネスにつながるイノベーションについて，その強化を重要な課題と考え，力を尽くして来たとは言えない。

したがって，今，イノベーションについて，その基本的なプロセスから再考することが，日本企業，特に製造業の一部の閉塞情況からの突破口作りに必須であると確信する。それが筆者が本研究に焦点をあてるに至った動機である。

9章からなる本書の構成は以下の通りである。

はじめに，現下の日本企業におけるイノベーションの意義とその課題を検討・提示する。本研究が対象とする非連続的なイノベーションの主要課題は，それに必然的に随伴する不確実性である。その不確実性の内容を明らかにするための「イノベーションの実態モデル」，及びそれを克服するために用いる「イノベーションの論理モデル」を構築する（1，2章）。

続いて，上述の不確実性を克服する論理である「多様性創出」と「コンテクスト創造」について，それぞれ，先行研究の検討を行う。それらを踏まえて，本研究における「多様性創出」と「コンテクスト創造」の意義とその活用のための研究結果を述べる（3，4章）。

さらに，「多様性創出」と「コンテクスト創造」の両者に共通する阻害要

因を述べた上で，本研究のモデルで導出されるイノベーションの構造と類型を整理・提示する（5, 6章）。

以上の検討を踏まえ，イノベーション事例を対象として，本研究のモデルによって，イノベーションの構造と進捗が，従来に比べ明瞭に把握・記述されることを示す（7章）。

最後に，上述の研究・確認から得られる本研究の意義，特にイノベーション促進への考察と提言を行う（8, 9章）。

本書の研究，執筆は，多くの方々からのご教示，機会，支援がもとになっている。全てはとうてい書ききれないが，特に勤務校青森公立大学の同僚，学会で質疑をさせていただいた方々，かつて筆者が勤務した企業の同僚やコンサルティング・講演のお客様として私に成長の機会を与えて下さった方々にあらためて謝意を示したい。

本書は公立大学法人青森公立大学の研究叢書であり，出版にあたり財団法人青森学術文化振興財団の助成金交付を受けている。株式会社文眞堂の各位を含め，出版に関しお世話になった関係各位にも御礼を申し上げたい。

青森公立大学前学長佐々木恒男先生には，筆者に研究者としての機会を与えて下さったことに加え，本書執筆の動機付け，研究テーマの方向性の示唆，内容・執筆に関するご指導までをいただいた。また，その学識，お人柄，学校経営の実践等を通じて，企業や経営について考えることの面白さ，厳しさをお教えいただいた。言葉では言い尽くせない思いである。特に深く，心から御礼，感謝申し上げたい。

目　次

はじめに……………………………………………………………… i

1章　イノベーションとは不確実性の克服プロセス ……… 1

1.　イノベーションの成果と今日求められるイノベーション……… 1
　1.1　イノベーションの成果……………………………………… 1
　1.2　ポスト産業資本主義下でのイノベーション……………… 3
　1.3　技術の成熟化と技術以外の差異性の重要性の高まり…… 6
2.　イノベーションと不確実性………………………………………… 7
　2.1　本研究におけるイノベーション…………………………… 7
　2.2　不確実性………………………………………………………10

2章　不確実性を克服するイノベーションモデル ……………12

1.　イノベーションの実態モデル………………………………………12
　1.1　知識蓄積・結合・価値抽出モデル…………………………12
　1.2　実態モデル導入の意義と留意点……………………………16
　1.3　実態モデルによるイノベーションに随伴する不確実性の明確化……………………………………………………………20
2.　イノベーションの論理モデル………………………………………22
　2.1　不確実性・多様性創出・コンテクスト創造………………22
　2.2　論理モデルの全体像と近似に関するまとめ………………28

3章　多様性に基づく結合の創出 ……………………………………31

1. **多様性の意義に関する検討** ………………………………………31
   - 1.1　多様性の意義検討にあたっての分析視点 ………………………31
   - 1.2　経営学における多様性に関する先行研究の検討 ……………34
2. **多様性の創出方法** …………………………………………………43
   - 2.1　冗長性の許容 …………………………………………………44
   - 2.2　非意図的多様性の活用 ………………………………………47

4章　コンテクスト創造に基づく価値抽出 ………………………49

1. **先行研究における関連・近傍概念の示唆と本書でのコンテクスト創造** ……………………………………………………………49
   - 1.1　MOT論と価値抽出・評価 ……………………………………49
   - 1.2　「価値づくり論」とマーケティング論からのアプローチ ……53
   - 1.3　機会形成プロセス論の意義とその到達点 …………………60
   - 1.4　組織的知識創造論のアプローチ ……………………………63
   - 1.5　イノベーションのジレンマと価値抽出・コンテクスト創造 ……64
   - 1.6　Druckerにおけるイノベーションの機会の検討 ……………66
2. **コンテクスト創造概念の吟味** ……………………………………67
   - 2.1　結合とコンテクストの関係の吟味 …………………………68
   - 2.2　コンテクスト創造と多様性創出との関係性 ………………69
   - 2.3　コンテクスト創造概念の拡張 ………………………………70
3. **コンテクスト創造の意義** …………………………………………71
   - 3.1　製品・事業化プロセスにおける創発的コンテクスト創造 ……71
   - 3.2　結合へのコンテクスト取り込み ……………………………72
   - 3.3　組織的意思決定に関わるコンテクストの役割 ……………73

4. コンテクスト創造の方法論へのアプローチ……………………74
4.1 洞察の阻害要因を除去する能動的方法……………………75
4.2 洞察の阻害要因が除去されていることに気付く受動的方法……76
4.3 伏線と観察を契機とする謎解き……………………77
4.4 強い制約下での探索による方法……………………78

5章 多様性創出とコンテクスト創造の阻害要因……………………81

1. 組織的要因……………………81
1.1 組織内同型化と組織間同型化……………………82
1.2 同調圧力……………………83
1.3 組織の谷間……………………84
2. 過去・沿革による要因……………………85
2.1 NIH，NOO……………………85
2.2 同一化……………………86
2.3 イノベーションのジレンマ……………………86
3. 短期的業績志向の要因……………………87

6章 多様性の創出とコンテクスト創造に基づくイノベーション ……………………89

1. 本研究における創発プロセスの構造……………………89
1.1 多様性の創出……………………89
1.2 コンテクストの創造……………………89
1.3 偶発性，想定外に関する峻別の困難と渾然性……………………90
1.4 多様性の創出とコンテクストの創造の相互作用・双方向性……91
2. 本研究の創発プロセスによるイノベーションの類型化……………………93
2.1 コンテクスト創造が想定外の革新によってなされるイノベーション……………………93

2.2　コンテクスト創造が意図的な革新によってなされるイノベーション ……………………………………………………94

7章　多様性創出とコンテクスト創造によるイノベーション事例の記述 ……98

1. 記述の視点 …………………………………………………………98
   1.1　時系列記述 …………………………………………………98
   1.2　本書モデル固有の視点とイノベーションダイヤグラム …………98
2. 真セレンディピティ ………………………………………………102
   2.1　ペニシリン …………………………………………………102
   2.2　導電性ポリマー ……………………………………………109
3. 擬セレンディピティ ………………………………………………113
   3.1　トランジスター ……………………………………………113
   3.2　高分子質量測定法 …………………………………………119
4. コンテクスト・コンバージョン …………………………………122
   4.1　ウォークマン ………………………………………………122
   4.2　ポストイット ………………………………………………127
   4.3　MPU 企業化 ………………………………………………131
5. コンテクスト・レバレッジ ………………………………………138
   5.1　CD-R ………………………………………………………138
   5.2　CDMA ……………………………………………………144
6. コンテクスト・アドプション ……………………………………148
   6.1　Google の AdWords ………………………………………148
7. まとめ：本書モデルの記述力と示唆事項 ………………………153
   7.1　真セレンディピティのイノベーションに関して ……………153
   7.2　擬セレンディピティのイノベーションに関して ……………154
   7.3　コンテクスト・コンバージョンのイノベーションに関して …156
   7.4　コンテクスト・レバレッジのイノベーションに関して ………158

7.5　コンテクスト・アドプションのイノベーションに関して……　159

8章　考察のまとめ…………………………………………………　161

1. **本書での検討によるイノベーションの理解に関する示唆**…………　161
   1.1　イノベーションの不確実性の克服に関する理解……………　161
   1.2　多様性の創出に関する示唆……………………………………　162
   1.3　コンテクストの創造に関する示唆……………………………　164
   1.4　イノベーション事例の記述からの示唆………………………　166
2. **イノベーション活性化のための組織マネジメントへの提言**………　169
   2.1　多様性創出とコンテクスト創造の前提条件の整備…………　169
   2.2　組織マネジメントとリーダーシップ…………………………　171

9章　結　　論………………………………………………………　174

1. **本書のモデルと研究の有効性**……………………………………　174
2. **残された課題**………………………………………………………　175

　おわりに……………………………………………………………　176
　参考文献……………………………………………………………　179
　索　　引……………………………………………………………　182

1章
イノベーションとは不確実性の克服プロセス

1. イノベーションの成果と今日求められるイノベーション

1.1 イノベーションの成果

　我々は，いかなる成果を求めてイノベーションを行うのか。そして実際にいかなる成果を手にしているのか。本研究は，端的に言えば，イノベーションを理解し活性化することを目的としているが，そもそもイノベーションを活性化することにどんな意味があるのかに関わる検討と確認から本研究を開始したい。

　ここでは，「イノベーションとは経済的価値を有する革新的な結合[1]である」との暫定的な定義から出発して，その成果を概観する。第一に重要なことは，経済的価値を生むとは，今日の市場経済における成果の一断面を語っているのであって，その前提として，イノベーションが生活者，生産者としての我々に，利便性，快適性，効率性，生産性等をもたらすところが，経済的な価値の淵源であることが本質と考える。すなわち，イノベーションの成果は，一次的には，「利便性，快適性，効率性，生産性等」であり，これを表象するのが経済的価値である。したがって，一次的な成果である「利便性，快適性，効率性，生産性等」をどこに射影するかにより，イノベーションの成果は多様な広がりをみせる。

---

[1] 次章で詳述するが，本書ではイノベーションを「結合」であると捉えることがその理解の出発点として有効であると考える。なお，Schumpeter（1926, 邦訳（上），50, 182頁）は，イノベーションは新結合であると言ったが，Schumpeterにおける結合（Kombination）と新結合（Keuer Kombination）の使い分けの意図は必ずしも明確ではない。以下，本書ではその意味を明示する特殊な場合以外，全て「結合」と記述する。

例えば、「利便性、快適性、効率性、生産性等」を個人や社会構成集団の心に射影すれば、それは「幸福」に、経済状況に射影すれば「富」という成果になる。それを社会的なシステム・制度に射影すれば「福利」に、企業に射影すれば「競争力」や「利益」に、そして一定期間を超える社会全般に射影すれば、それは「文化」ともなる。

具体的な事例をあげよう。

イノベーターとしてのエジソンの偉大さは電球の発明家にとどまらなかったことである。エジソンのイノベーションの核心は、発電から送電まで電力の事業化（事業システムとしての結合）に成功したことであり、それが提供する「利便性、快適性、効率性、生産性等」が社会に「福利」をもたらし、今日の生活「文化」を生みだしたのである。

コンピュータ断層撮影（Computed Tomography）は Thorn EMI 中央研究所[2]で1972年に実用化された。X 線撮影とコンピュータ解析・合成機能の結合（CT）が、血管障害、腫瘍診断等にもたらした利便性は極めて革新的で、救命・健康を通じて、個人や社会の「幸福」をどれだけ拡大したかは語りつくせない。

その他に、例えば、ほとんど科学技術要素を契機・立脚点としないイノベーションとしての学校と教科書が、教育の大衆化を通じて我々の社会にどれだけの福利と文化を生み続けて来たかも計り知れない。

日本企業もイノベーションで多くの福利、文化を創成し、利益を得て発展して来た。

1950 年代、ソニーは世界ではじめてトランジスターとラジオの結合体であるトランジスターラジオを実用化し、東洋の敗戦国、日本の町工場から世界のソニーへと躍進した。そしてソニーは、テープレコーダーに"個人でいつでもどこでも音楽を聴く"という利用局面を結合したウォークマンを製品化し、世界中に新しいライフスタイル、文化を創出し、多大な先行者利益と

---

[2] EMI 社に所属していたビートルズのレコードの売上が、EMI 社の科学研究資金の供給元だったとも考えられるため、CT スキャナーは「ビートルズによる最も偉大な遺産」とも言われている。ビートルズによる音楽のイノベーションからの貴重な連鎖と言えるであろうか。

ブランド価値という経済的成果を獲得した。

東芝が生みだした，"学習機能を備える高精度のかな漢字変換機能"と"文書編集機能"の結合体である日本語ワープロは，ほとんどの手書き文書を代替するものとなって，日本人のワークスタイル，ライフスタイルを一変させた。さらに，その技術パッケージは韓国語・中国語のワープロにまで波及し，各国の文書業務の効率化に貢献している。イノベーションによる文化創造の典型事例である。

1.2 ポスト産業資本主義下でのイノベーション

ここで，かくも大きな成果をもたらすイノベーションについて，その態様に関し，現在進行形で本質的な変化が起きていることを確認しておこう。我々のイノベーションの舞台である日本の資本主義の発展段階に即して考えると，我々が成すべきイノベーションは大きな転換期にある。

はじめに，資本主義が利潤を生みだす原理，根本の仕組みを確認しよう。これについては，岩井克人の整理が大変端的である。

岩井（2003，203-230頁）は「差異性から利潤を生みだすことが資本主義の基本原理である」と説く。差異性を源泉に利潤を得ることが資本主義の原理であり，その原理が"商業資本主義―産業資本主義―ポスト産業資本主義"を貫いているのである。

商業資本主義の時代には，商人は地理的に離れた一方の市場で安く買えるものを遠くに運び，仕入れと運搬コストの合計よりも高く売って利益を得た。自然・歴史条件の差異性によって生じる両市場での価格の差異性が利潤を生んだ。

産業革命により，資本主義の支配的形態は，産業活動を通じて利潤を生みだす産業資本主義へと移行した。ここで大切なことは，産業活動を通じて利潤を生みだすためには，産業革命（人工動力や自動機械）だけでは不十分なことである。産業革命による工場システムによって労働者の生産性は大幅に上がるが，労働者の実質賃金もそれに応じて高くなれば，利潤は生みだせない。労働生産性と実質賃金率のあいだの差異性が産業資本主義の利潤の源

泉である。具体的には，農村部から都市部に供給される労働力がその差異性を確保する源泉である。かつての日本の集団就職，現在の中国の奥地から上海・北京への人口の移動がその源泉である。すなわち，都市と農村の産業・人口構造の差異性（産業予備軍）が産業資本主義の利益の源泉であった。

しかし，1970年代以降，先進各国では，産業予備軍を使い切ってしまい，工場労働者の実質賃金が上昇し，工場でものを作ることにより利潤を生むことが困難になり始めた。日本での高度成長の終わりは，世界の先進国の産業資本主義の終わりと時を同じくした[3]。

岩井は「もはや産業資本主義が依拠していた労働生産性と実質賃金率の間の構造的な差異性には依拠できなくなった」という（傍点筆者，以下同じ）。岩井は意図的な差異性創造こそがポスト産業資本主義の本質であるとする。すなわち，ポスト産業資本主義段階にある現在，日本企業は，意図的に差異性を作りだすことにより利潤を得なければならない。

つまり，我々は差異性を利用したイノベーションではなく，差異性自体を生みだすイノベーションを実現しなければならないのだ。

以上を踏まえて，ここで認識しなければならないことは，差異性の利用，特に産業資本主義時代の主要な差異性であった廉価な労働力の利用は，大量生産の場で特に端的に効果を発揮する，ある意味では特殊な差異性であったことである。

意図的に作りだす差異性はその「意図的」という性格によって，原則的に定型・効率性重視で運用されるべき特段に定型的な工場等の生産現場以外の，非定型性が必要な生産現場，研究開発，企画，戦略立案，マーケティング等の非定型で，効率より効果を重視して活動される領域において生みだされやすい。

これに関連し，現在のグローバリゼーションの特徴が形づくられている。

---

[3] 高度成長の飽和が産業資本主義の終わり，さらにはオイルショック・ニクソンショックと時を同じくしたことが，最も本質的な変化である「産業資本主義段階の終焉」の認識を遅らせたと考える。今に至るまでその遅れが尾を引いて，イノベーションの不足，経済の停滞につながっていると筆者は認識する。

1．イノベーションの成果と今日求められるイノベーション 5

大量生産は，産業資本主義段階にある国に立地し，研究開発，企画，戦略立案，マーケティング等の機能はポスト産業資本主義段階にある国に立地する国際分業である。

ポスト産業資本主義段階にある日本国内で，産業資本主義国でも生産できるものにつき生産誘致を行うなら，中国，やがてはアフリカと同等の給与で働くことを覚悟しなければならない。

ここでは，意図的に差異性を創出している点，また生産とその他機能の国際分業を徹底しているという点において典型事例と考えられるアップルの近時の事業展開について参照しておこう。

アップルは，iPod事業で音楽プレーヤー事業に参入するにあたり，二つの意図的な差異性を作りだした。

第一は，独特のインターフェースとそれに関連するデザインである。iPod以前にもポータブルなデジタル音楽プレーヤーは存在した。そこでの差異性の軸は「ポータブル」な「音楽」プレーヤーの属性として極めて自然に考えられる小型軽量や高音質であった。アップルは，その軸での性能競争を選択しなかった。デジタルプレーヤーであることから大量の曲を保存し得ることを洞察し，大量保存時の曲の管理，選択に関する便利・容易なインターフェースという差異性の軸を作りだした。そして，インターフェースとそれを象徴する独特のデザインと合わせた意図的な差異性を実現したのである。

第二は，iPodの製品化に続いて，iTunes Music Storeという音楽配信サービスとそれを利用し楽曲を調達・整理するためのiTunesというパソコンソフトを組み合わせたビジネスモデルを生みだしたことである。ここでも小型軽量，高音質という軸でなく，新たに音楽調達と管理の利便性という差異性の軸を作りだし，そこでの差異性を競争優位とした。

合わせて，アップルはハードウエア（iPod），ソフトウエア（iTunes），サービス（iTunes Music Store）の事業展開に関する国際分業の仕組みを確立したのである。事業全体の企画とハードウエアの設計，ソフトウエア製作，サービスの基盤設置は，ポスト産業資本主義段階の米国，特に本社（シリコンバレー）周辺に立地，ハードウエアの組み立ては産業資本主義段階まった

だなかにある中国企業に委託，ハードウエアの先端的部品の供給はポスト産業資本主義段階の入口にある日本，ハードウエアのコモディティ部品は産業資本主義段階の後期を過ぎつつある韓国・台湾からの調達という国際分業体制である。

すなわち，アップルは，製品・事業自体においても差異性を意図的に作りだし，また事業推進体制においても各国の発展段階に応じた立地を選択するという意図的な差異性を創造し，二重の意味でポスト産業資本主義段階のイノベーションを体現する企業となっているのである。

1.3 技術の成熟化と技術以外の差異性の重要性の高まり

20世紀は，量子物理学の勃興に基づいて，トランジスター，ICの発明，その微細加工・集積化が進み，マイクロエレクトロニクス，そしてITが飛躍的に発展した世紀である。あらゆる産業の業務・プロセスにおける自動化やきめ細かな制御，各種製品のインテリジェント化，そしてコミュニケーション手段の拡充・転換を通じ，その影響は，全産業・全製品・全業務・全生活に及んでいると言って過言ではない。現在，電気・電子製品，自動車，各種機器類は言うに及ばず，マイクロエレクトロニクス・ITによる自動化・制御・コミュニケーション支援のない業務・プロセス・機器は考えられない。

しかし，トランジスターとその集積形態であるICは，原理や基本的な製造方法が考案されてから半世紀あまりが過ぎ，技術的頂点に達するところ，すなわち成熟の時期を迎えている。考え方に基本的な変化はなく，機能をさらに研ぎ澄ます段階にあるのだ。日本における半導体開発の黎明期から現在まで，その第一線の技術者・マネージャーであった菊池誠（2003, 169–170頁）は，その歴史を俯瞰して「技術は成熟を深める時代に入っている。成熟期にどんなマネジメントで何を企画し実行するか？ それが問題の焦点であろう・・・」と論じている。この段階に来て「IT革命」というキーワードが掲げられたことに本質的な疑問を呈しているのだ。革命は，トランジスターやICの黎明期にこそ用いるべき言葉だと違和感を呈する。今はむしろ，技術をいかに使うかというマネジメントが課題だと言う。

これを、本書のイノベーション研究の視点で捉えれば、特にエレクトロニクスに代表される20世紀半ばまでに端を発し、現在盛りを誇る多くの技術分野では、技術による差異性の創出と並行して、技術以外の要素の重要性、すなわちマネジメントや企画等の意義を十分に認識しなければならないということである。技術のみでの差異化の余地は少ないのであるから、新用途、新ビジネスモデル、新しい標準化などを軽視すれば、「技術で（少し）勝って経営で（大きく）負ける」のは当然なのである。

　一方、多くのバイオ技術や半導体の次なる情報処理素子等、これから勃興・実用化されるであろう技術分野では、現時点からしばらくの間、技術自体の優位性の持つ意義が相対的に高いであろう。そういう技術が実現できれば可能になる、比較的見えやすく、素朴で大型の需要がその技術進歩を待っている段階とも言えよう。素直な技術勝負に勝ち目が多いのである。

　イノベーションを志向するにあたり、技術やその利用の発展段階に応じて、技術の持つ意義を評価し、それを基本方針に織り込むことが重要なのである。

2. イノベーションと不確実性

2.1 本研究におけるイノベーション

　以上の準備を踏まえ、ここで、本書が研究対象とするイノベーションの性格を明らかにし、本書でのイノベーションを定義しよう。

　筆者は、一橋大学イノベーション研究センター（2001、3頁）の「経済的成果をもたらす革新」をイノベーションに関する最も広義で一般的な定義であると考えるので、それを出発点に吟味したい。

　筆者が理解するその定義のポイントは次の通りである。
① 新しい製品・サービス、その創出方法、企業、企業間システム、制度までの広範囲な革新をイノベーションと考えること。
② 漸進的・連続的なものから画期的・非連続的なものまで包含してイノベーションと考えること。その理由を「漸進的・連続的なイノベーショ

ンも画期的・非連続的なものに劣らず重要であるから」としている。
③ 「経済的成果」をイノベーションの条件としていること。画期的な革新であっても，それがイノベーションとして成立するかどうかは，需要が存在し，経済的成果が得られるかどうかによるとの立場をとっている。経済的価値に結実しない発明や発見はイノベーションとは考えない。

それぞれに関する本研究における筆者の考えは次の通りである。

① について：筆者も製品から制度までの革新を広範囲にイノベーションと考え，本書の研究対象としたい。イノベーションが当初「技術革新」と訳されたこともあり，日本では，イノベーションを技術の革新に偏重した概念として捉えられることが多く，それは，本章1.3にも示したように，現下の日本企業，日本社会をイノベーションによって活性化しようとする際に大きな障害となる恐れもあると考えるからである。

② について：筆者も漸進的・連続的プロセスが企業活動・経済的成果に資する重要性について同意である。しかし，全般に漸進的・連続的なプロセスと，一部にでも画期的・非連続的な部分を含むプロセスにおける課題・困難さ，実現プロセス，促進方法には大きな違いがある[4]と考える。そして，本書で用いようと考えているイノベーションの理解フレームは画期的・非連続的プロセスに適するものと考える。また画期的・非連続的プロセスをより活性化することが，現在多くの日本企業に特に求められていることと考え，筆者の特段の関心もそこにあるので，本書では一部にでも画期的・非連続的な部分を含むプロセスを検討対象とする。この後，原則として本書では，画期的・非連続的プロセスを包含するものをイノベーションと呼ぶ。

③ について：これについても，イノベーションを経済的にも社会・人類を豊かにするものとして捉え，そうしたプロセスに関する研究を意図するのでこの立場に同感する。ただし，既存技術が高度化・成熟化し，次の飛躍的進展が最先端の科学と技術の融合により，あるいは両者の境界領域において黎

---

[4] これについては，前川佳一（2007）の A 型（Resource Allocation），B 型（Breakthrough Dependent）の分類とそのマネジメントに関する議論が詳しい。

表1-1 イノベーションの範囲・程度・要件

定義者＼範囲・程度・要件	範囲：科学・技術・製品・企業・制度等	程度：漸進的・連続的～画期的・非連続的	要件：特に経済的成果について
一橋大学イノベーション研究センター	全範囲をイノベーションと認識	いずれもイノベーションと認識（"革新"が条件）	特に経済的成果が要件と考える
筆者	全範囲をイノベーションと認識	画期的・非連続的プロセスを含む程度に限定してイノベーションと認識	同じく要件と考えるが，経済的成果の有無には高度な判断・洞察が必要と認識

出所：筆者作成。

明する可能性も高い現在，ある創造の経済的成果の有無，それと経済的成果との距離の判断には，高度な洞察力と適切な時間軸の設定が必要であることを確認しておきたい。今日の科学が明日の技術として経済的成果を生む可能性があり，今日の技術が明日の科学を支えるものともなり得ると考えるからである（サイエンスリンケージ）[5]。

以上をまとめると，本書でイノベーションと定義し，主たる検討対象とするのは，科学から制度まで幅広い範囲を含み，画期的・非連続的プロセスを含む程度に限定しつつ，経済的な成果をその要件とするということになる。

以上から，本書でのイノベーションを次のように定義する。

本書でのイノベーションの定義[6]

> イノベーションとは，科学から制度まで広い範囲に起こり得る，非連続的な結合[7]であり，経済的価値を持つものをいう。

---

5 後藤晃・児玉俊洋（2006）参照。
6 2章 1.3 の最後において，本書で考えるイノベーションに伴う不確実性を類型化した上で，イノベーションの定義を更新する。
7 本書では，「革新」の客体としてイノベーションを「結合」と認知することが妥当であると考える。この点について第2章1.1の冒頭で詳述する。

この定義によれば，その意味を明らかにするため，直ちに"非連続的"であるとは何を指すのかということが問題になる。その点につき，本書ではSchumpeter（1926, 邦訳（上），171頁）にならい，それを「軌道そのものの変化」とやや直感的に捉えることとしたい。Schumpeterはその例として「駅馬車から汽車への変化」をあげ，「連続的には行われない」変動をイノベーションとした。

画期的・非連続的の意味を，軌道そのものの変化になぞらえても，イノベーションとそれ以外の境界は一義・客観的には定まらないが，イノベーションが軌道変更という語義に包含されることを根拠に，その意味でのイノベーションは不確実性と一体不可分であると認識できると考える。何故ならば，軌道そのものを変化させることは，すなわち様々な未知と遭遇することであり，予測不能性，計画困難性という意味での不確実性の克服が必須となるからである。

かくして，本書で研究の対象とするイノベーションは，その本質的特徴として，不確実性が随伴するものとなる。そこで続いて，画期的・非連続的イノベーションに随伴する不確実性とはどのようなものかを考えておこう。

2.2 不確実性

前述の意味での軌道変更に必然的に随伴する不確実性について考える際，その中核は，未知のプロセスに伴う，計画の前提としての予測困難性である。これは，沼上幹（2009, 14頁）が「不確実性が高い世界への適応は一回きりでの計画策定では対応できない。不確実性とは，事前準備しておいたマニュアルや計画では対応できない事態が発生することをいう」というときの不確実性の概念にほぼ相当すると考える。

経営分野における不確実性の先行研究には，その程度や種類に関する類型概念（Karl E. Weick, 2001, pp. 35-39, 邦訳，49-53頁）や新事業参入にあたっての不確実性のポートフォリオに関する検討があり（Rita Gunther McGrath, 2000, pp. 163-195, 邦訳，123-151頁），後者は不確実性を技術的不確実性と市場に関する不確実性と捉えている点が，後述する本書の考え方

と近いが，類型化により新規参入時の対応を定めていこうとする目的は本書とは異なる。

　本書では，結合を中核におくイノベーション活動の実態モデルを考えることにより，イノベーション実現に関して，その活動のどこにどのような不確実性があるかを明らかにし，その上でそれを克服する論理モデルを構築していくこととする。

　それでは，次章に進み，イノベーションにまつわる不確実性を抽出するモデルとそれを克服するモデルを構築していくことにしよう。

2章
不確実性を克服するイノベーションモデル

　前章で，本書が研究対象とするイノベーションを「科学から制度まで広い範囲に起こり得る，非連続的な結合であり，経済的価値を持つものをいう」と定義した。本章では，はじめにイノベーションをその活動レベルで把握し，一般的な理解としての近似を得るために，実態モデルを提示する。それにより，本書で研究する非連続的イノベーションに随伴する不確実性がどのようなものであるかを明らかにし得る。

　その上で，いかなる論理でその不確実性を克服するかを検討し，その論理をイノベーションの論理モデルとして導入したい。

1. イノベーションの実態モデル

1.1　知識蓄積・結合・価値抽出モデル
(1)　結合

　本書では，イノベーションの客体，すなわちイノベーションの結果として我々が得るものは，なんらかの「結合」であると認識する。本書でこう認識する理由は，次の通りである。

　① 多くのイノベーションについて検討すると，その結果をなんらかの結合として理解することが可能でありかつ，革新の理解として合理的かつ有意義だからである。

　　結合として理解することが可能であり，合理的かつ有意義であることについての内容は，この後すぐ，いくつかの事例の理解で示す。

　　先だって，合理的かつ有意義であるということの意味は次の通りであ

る。イノベーションの核心部分，つまり，本書でいう非連続的な革新に相当する「困難の克服によるなんらかの技術的な実現」や「画期的な価値の実現」は，結合の結果によると考えることが妥当である。

② 人間の知的活動の中でも最も素朴な態様である結合，すなわち何かと何かを組み合わせる活動にイノベーションを還元し，結合によりイノベーションが実現できると認識し得れば，それは，我々に大いなる希望を与える。

　すなわち，イノベーションが一部の天才，奇才による複雑な活動の結果としてしか説明できないのではなく，凡人の結合の結果として認識し得れば，本書の目的であるイノベーションの理解と促進に大いに資することになる。

では，いくつかのイノベーションについてそれが結合として理解でき，そうすることに合理性があることを確認しておこう。ただし，ここで結合される要素としては，Schumpeter が主に想定していたと考えられる物理的な存在としてのもの，あるいは社会的存在としての組織や市場よりも，抽象的な存在としての知識の占める割合が高い，あるいはそれがほとんどであろう。それは，Schumpeter がイノベーションとして結合の意義を宣言した85年前に比べ，我々が利用可能な資源は遥かに抽象化，情報化の度合いを強め，それらは知識化されて蓄えられているからである。

また，仮に最終的には，ものとものが物理的に結合されるイノベーションであっても，現代の産業・研究活動においては，まず知識レベルでその結合に関する検討が行われて，その可能性や意義についての相当の評価，あるいは緻密なシミュレーション結果を踏まえた後に，物理的な結合が行われるのが普通だからである。

さらに，結合要素を大きく，(a)技術に関する知識と，(b)用途等の技術以外の概念に関する知識に二分して，知識結合としてのイノベーションを理解しておこう。

① 主に技術に関する知識同士の結合

この典型事例は，携帯電話である。Richard K. Lester and Michael J.

Piore（2004, p. 14，邦訳，21頁）は，「携帯電話は無線通信のラジオと有線通信の電話が合体してできあがった製品といえる」としている。

　それぞれの技術の十分な高度化，加えて，セル切り替え方式に関する知識（アイデア），高集積な半導体（に関する知識）が結合して，はじめて携帯電話が成立したが，携帯電話のイノベーションの客体としての中核をなすのは，ラジオと電話に関する技術知識の結合である。

② 技術に関する知識と技術以外の概念に関する知識の結合
　ⅰ）ウォークマンは，小型軽量ではあるが，録音及びスピーカーでの再生ができないテープレコーダーの派生物という技術知識と，個人がいつでもどこででも音楽を聴きたいという潜在的な音楽聴取ニーズが存するという概念的な知識の結合から生みだされたイノベーションである。
　ⅱ）カラーテレビは，白黒テレビの技術に関する知識と原色（カラー）での視聴ニーズが強いことに関する概念的な知識の結合から生みだされたイノベーションである。

　なお，白黒テレビの技術に関する知識と光の三原色に関する技術的知識が結合したイノベーションと考えることもできるので，イノベーションの中核を技術に関する知識同士の結合と考えることもできる。

③ 技術以外の概念に関する知識同士の結合
　インテルは，1980年代半ばに日本企業のキャッチアップにより，創業事業であるD-RAM（メモリ）事業から撤退し，MPU（Micro Processing Unit：マイクロプロセッサ）事業に事業転換した（Andrew S. Grove, 1996, pp. 99-120，邦訳，95-116頁）。これは，自社の主力事業・アイデンティティという概念をD-RAM事業に関する概念から離脱し，それをMPU事業に関する概念と結合したイノベーションである。このイノベーションの中核は，実態の転換ではなく，完全に概念の転換，価値観の転換である。

　以上の事例から，イノベーションの実態を結合と捉えることの可能性と合理性を帰納的に理解することができよう。

　さてここで，イノベーションに関するより端的な理解のために，結合概念を明示的に拡張しておこう。その拡張は反結合と再結合である。

1. イノベーションの実態モデル　15

　反結合とは，一部の結合要素の削除である．結合要素を削除することにより，結合の価値が高まることがある．例えば，ウォークマンにおいて，録音機能とスピーカーでの再生機能を削除したことが，小型化，バッテリーによる長時間駆動を可能とし，パーソナル音楽プレーヤーとしての価値を高めた．

　再結合は，結合の内部構造を捨象し，その外部構造と別の結合要素を結合することである．既存の結合をモジュール（結合体）と考えることによって，結合に関する思考や実行を効率化できることが多い．技術が高度，複合化している現在のイノベーションにおいては，なんらかのモジュールの再結合を考えることが多くの結合の実態であろう．

　以上をまとめて，本書では，イノベーションの客体，結果は結合であると考え，しかも，いずれの結合もその本質は知識結合であるから，結局，イノベーションの客体は知識結合であると考えることとする．

(2) 知識蓄積

　上述から，本書におけるイノベーションを実行するためには，その前提として，結合要素となる一定以上の知識蓄積が必要となる．つまり，イノベーションの実態モデルの出発点は知識蓄積である．まずは，知識蓄積がなければならない．

　本書は，組織を離れた個人によるのではなく，組織または組織内でのイノベーションを考えているので，この知識蓄積の所在は，当該組織内か組織外である．近時，オープンイノベーションの重要性が指摘されることがあるが，その素朴な意義は，イノベーション実現には，一定の知識蓄積とその利用が必要であり，そのために組織内外から知識を調達することが必要な場合があるということであろう．これは本書の考えでは当然のことであり，知識を組織内から調達するか，組織外から調達するかは方法論の問題に過ぎないのでオープンイノベーションはあくまでも手段であり，目的化するならば，それは誤りであると認識する．

　また，当然イノベーションの着手前に必要な全ての知識が蓄積されていないことも多い．非連続的イノベーションにおいて，必要な知識リストを全て

事前に明らかにすることも不可能であろう。したがって，しばしば，ある結合結果を求めて試行錯誤する中で，新たな結合要素が求められ，それを調達する，あるいはそれ自体を結合によって獲得する，というプロセスをたどることになる。

(3) 価値抽出

本書で考えるイノベーションの要件は，経済的成果を生むことであり，そのためには，イノベーションの利用者，消費者・生産者等に「利便性，快適性，効率性，生産性等」を提供するものでなければならない。すなわち，いかに革新的（困難・新規・希少）な結合が得られたとしても，そこに「利便性，快適性，効率性，生産性等」を提供する価値が伴わなければイノベーションではないと考える。

どんなに苦労して，新しいあるいは珍しいものを生みだしたとしても，そこに価値があるとは限らない。本書の言葉で言えば結合実現の困難さ，結合の新規さ，複雑さ，多様さ等の高度さとその結合の価値（需要）の存在との間に相関関係は存在しない。

結合が高度であれば需要があるわけではなく，また低度ならば需要があるのでもなく，これらは直交する二軸なのである。しかし，我々は「技術で勝って事業で負ける」という言い方をすることがある。これが，高度な結合を実現できたのに需要を獲得できなかったということであれば，高度な結合には需要が存在する，という論理的には誤った命題に基づく見解[1]と考える。

1.2 実態モデル導入の意義と留意点

(1) イノベーションの遍在性

このモデルは，研究，開発，生産，マーケティング，企画[2]などの企業活

---

[1] 当面需要（経済的成果）はなくても，科学・工学的には高い価値があると評価すべき結合があることは確かであり，それは我々の精神や社会・文化を豊かにすると筆者は考える。また，もちろん，企業や研究機関において，当面需要（価値）の存否が不明であるものに関する研究開発が否定されるものではない。

[2] 仕様の策定・決定を含む。なお，仕様づくりは，結合の実現性とその価値を実際の実現の↗

動の一つの機能が実態モデルの知識蓄積や結合，価値抽出のいずれかに相当すると主張するものではない。それぞれの機能において，イノベーションが可能・必要であり現実にイノベーションが起こっている。研究や開発はもちろん，EMS・ファブレス化は生産におけるイノベーションであり，ネット通販の購買履歴によるリコメンデーションは販売のイノベーションであり，革新的ビジネスモデル創出は事業全体のイノベーションである。

それらのいずれのイノベーションにおいても知識蓄積・結合・価値抽出のプロセスが実行されている。

(2) 実態モデルが示すイノベーションにおける二つの核心

このモデルが明確にしていることは，イノベーションには，結合と価値抽出という二つの核心が存在していることである。そして筆者は，イノベーションを語る場合，議論が前者に偏よることが多かったのではないかと考えている。その要因を以下の通りに考えている。

① 産業資本主義段階での利潤の源泉は，先に述べた様に差異性の利用にあった。そのための課題は主に差異性を有する結合要素の結合の実現にあり，その結合の価値は，結合要素の差異性に基づいて，ほぼ自明であることが多かった。

それに対して，ポスト産業資本主義時代の現在，我々は差異性を生みださねばならず，結合要素自体ではなく，結合した結果に価値のある差異があるかどうかを吟味することが必須となっている。しかし我々は，未だ産業資本主義段階での成功体験体質から転換できず，価値抽出に真剣に対峙していない。

② 同じく先に述べたように，エレクトロニクス・IT，特にそのハードウエア技術は，既に成熟の時代に入っている。つまり，技術要素の結合で差異性を生むことが困難になっている。

そこで，非技術要素との結合も含め，結合からの価値抽出の工夫が重

＼前に探るという意味で，イノベーションプロセスのシミュレーションと考えることができる。

要になるが，ここでも技術の生成・成長期の成功体験がその必要性を見る目を曇らせている。あるいは，その必要性を認識しても，価値抽出に関する学習・実践経験の不足からその方法を見い出しかねている。

③　日本のエンジニア，研究開発者あるいは，一部の伝統的大手企業には，「武士は食わねど高楊枝」，「儲けることは不浄である」，「困難を実現すること自体に価値がある」という心的傾向[3]があるように思う。それが価値抽出への注力を弱めている。

④　日本では多くの場合，大学・企業において，文系／理系という区分が強くなされ，理系が研究開発，文系がマーケティングという業務の区分（分断）が峻烈[4]であることも多く，それが，主としてイノベーションの前段部分——結合活動のみを研究開発者，イノベーターの役割と限定する傾向がある。

(3)　実態モデルでの近似と精度の向上

実態モデルの「知識蓄積・結合・価値抽出」プロセスに関する以上の記述は，モデルとしての近似である。モデルと異なる現実のポイントは次の通りである。

第一に，現実は知識蓄積 → 結合 → 価値抽出という一方向の流れではない。一般的には，結合を実現しつつ，不足した知識を蓄積・調達する。また，頻繁に，価値抽出のプロセスで結合の不足・過剰あるいは結合形態に関する

3　筆者は，こうした傾向が嫌いではない。また，これと真逆の短期収益至上主義を情緒的に好まない上に，経営理論的にも誤りであると考える。技術主義と収益主義のバランスが，その両者の存続のために，またイノベーション実現のためにも必要だと考える。F. スコット・フィッツジェラルドの言葉を紹介したい（『クラック・アップ』〈崩壊〉，1945）。・・・第一流の知性と言えるかどうかは，二つの相反する考え方を同時に心に抱きながら，なおかつ，これらの思考を機能させる能力を持ち続けるかどうかで決まる。

4　本書の実態モデルは，研究開発機能にマーケティング機能を取り込もう，あるいは，両者が連携すべきである，ということを言うものではない。先にも示したように，研究開発，マーケティング等各機能のそれぞれにイノベーションがあり，その内部モデルとして結合と価値抽出があると考えるものである。また，マーケティングは顧客の立場に立って考えることを原則とするが（これ以外の立場もあるが），実態モデルでは原則として，価値抽出の主体は提供者であり，その実施時期は，原則として市場に出す以前と考える。

課題が見い出され，結合の修正が行われる。実際のイノベーションプロセスには双方向性が存在し，プロセス全体が渾然一体となって行われるように見えることも多い。

第二に，現実は知識蓄積・結合・価値抽出というプロセスにおいて，少なくともその一部が再帰的に実行される。結合要素に焦点をあてて観察すれば，一般にはそれ自体が結合結果である。つまり，知識蓄積の中に結合が内包されている。また，結合のプロセスの内部構造を見れば，そこになんらかの価値が発生するだろうとの前提がある。すなわち少なくとも暗黙の価値抽出プロセスが内包されていると考えられる。

以上より，現実のプロセスは，双方向性の再帰的構造であり，複雑で個別性の高いものである。

そうであるならば，この実態モデルにはあまり意味がないのだろうか。否，筆者は，イノベーションのプロセスが複雑で個別性が高いからこそモデル化する意味があると考える。複雑で個別的な現象をモデル化し，なんとか一般的に理解し，幾分なりとも操作可能としようとするものである。

(4) 思考実験，シミュレーションの可能性

実態モデルと現実の関係でさらに付け加えるべきことは，現実の「知識蓄積・結合・価値抽出」プロセスにおいて，思考実験が可能であり，有意義と考えられることである。

一般的に，投入可能資源，つまり時間・費用・技術水準[5]の制約により，我々は原理的に可能な全ての結合を実現しその価値抽出を試みることは不可能である。しかし，我々は思考実験を行うことができる。結合を実現せずとも，結合した結果を想定し，それに関し価値抽出を試みることができる。特に近年，仮想的な思考実験だけでなく，コンピュータシミュレーションによって現実を模してその結果を評価する能力が格段に拡大し，精度が向上したことから，思考実験の適用可能性が拡大している。

---

5 State of the art（その時代・社会における技術の最高水準）の意。

この成功事例として，東芝における森健一（1989, 7-56頁）らによる日本語ワープロの開発があげられる。森らは，一般事務員のキーボードの入力速度の実測に加え，同音異義語の選択速度をシミュレーションにより算定し，ワープロで一般人の手書きより速く入力可能という価値が抽出できることを事前に確認した後に，実際の開発（結合）を行ったのである。

1.3 実態モデルによるイノベーションに随伴する不確実性の明確化

ここで，実態モデルに基づき，1章で述べた非連続的イノベーションに必然的に随伴する不確実性の内容を明らかにしていこう。実態モデルを見ると，イノベーションに随伴する不確実性は二つに大別して把握し得ることが明確である。第一は，そもそも未知の新軌道，あるいは新軌道に移る結合が実現できるかという「実現に関する不確実性」であり，第二は結合が実現してもそこから価値が抽出されるか，すなわち需要は存在するかという「需要に関する不確実性」である。その内容を述べると次の通りである。

① 実現に関する不確実性

実現に関する不確実性は，実態モデルにおいて，目的とした結合が実現できるかどうかという問題として定義できる。非連続的イノベーションにおける未知の結合であるから，ある結合が実現できるかどうかが分からない。また，実現できると論理的に予測できたとしても，その方法が分からない。未知であるがゆえに，実現の制約条件，阻害要因，可能化要因等が不明であり，先行研究や既存知識から学ぶ，あるいは自他の体験により推定することにも限界がある。

非連続的イノベーションにおけるこの不確実性の大きさは，ライト兄弟による有人動力飛行成功に先立つことわずか8年，1895年の英国王立科学協会会長の次の言葉が示している（一橋大学イノベーション研究センター，2001, 17頁）。

「『空気より重い』空飛ぶ機械は不可能である」

② 需要に関する不確実性

需要に関する不確実性は，結合が実現できたとしても，その結合に価値が

図2-1 イノベーションの実態モデル

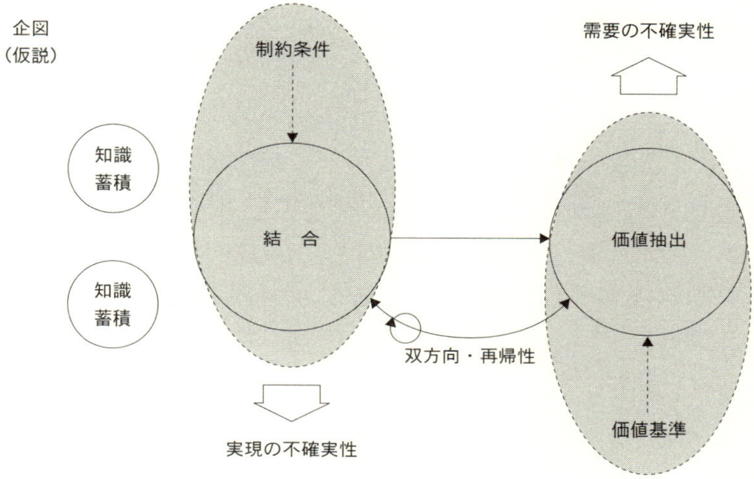

企図（仮説） / 制約条件 / 知識蓄積 / 知識蓄積 / 結合 / 価値抽出 / 需要の不確実性 / 双方向・再帰性 / 実現の不確実性 / 価値基準

出所：筆者作成。

あるか否かが不明なことであると定義できる。未知の世界ゆえ，仮に需要（価値）の存否・大きさを測る評価軸が存在したとしても，必ずしも適切な評価ができるかどうか分からない。また，その評価軸が分からない場合には評価軸自体を生みださなければならない。さらには，結合がいかなる位置付け・局面で利用され得るのかが不明であれば，まずそこから明らかにしていかなければならない。以上の順にしたがって，需要に関する不確実性が高まると考えられよう。

後になれば需要の存在やその大きさが明らかなイノベーションであっても，イノベーションの遂行時点では，その生みの親でさえこの不確実性の深刻さに包み込まれていることも稀ではないことを次の言葉が示している（同前）。

「私が思うに，コンピュータの市場は世界的に見てたぶん5台くらいだろう」（トーマス・ワトソン／IBM会長，1943年），「どんな人でも640キロバイトのRAMがあれば十分なはずだ」（ビル・ゲイツ／マイクロソフト会長，1981年）。

なお，本節で明らかにしたイノベーションに伴う不確実性の二類型，実現の不確実性と需要の不確実性は，実現，需要における非連続性に由来するものであり，そこを明示化し，さらに革新の客体が結合であるとの認識と合わせ，本書でのイノベーションの定義を更新しておこう。

本書でのイノベーションの定義（更新）

> イノベーションとは，科学から制度まで広い範囲に起こり得る，実現または需要において非連続的な結合であり，経済的成果を持つものをいう。

以降，本書では，これをイノベーションの定義と考えて議論を進める。なお，「実現または需要」は，排他的でなく「実現及び需要」の両者において非連続的な結合を含むものと考える。

2. イノベーションの論理モデル

実態モデルによって明らかにされた非連続的イノベーションに随伴する不確実性にいかに対処すべきかを考えるため，その問題をいかなる論理で克服するかについて考察し，その論理を実現するためのプロセスをイノベーションの論理モデルとして提示しよう。

2.1 不確実性・多様性創出・コンテクスト創造
(1) 実現の不確実性と需要の不確実性

前節において，我々が実現しようとする非連続的イノベーション，すなわち「軌道そのものの変更」において，克服しなければならない二つの不確実性を，実態モデルを用いて語れば，実現の不確実性：目的とする結合を達成できるかどうかに関する不明，及び需要の不確実性：結合から価値抽出が可能かどうかに関する不明と考えることができることを示した。

前者を克服する際に中核となる論理が多様性創出，後者のそれがコンテク

スト創造であることを示し，論理モデルを構築する。

(2) 多様性の創出
　未知の領域で，目的とする結合を実現する，そこに存する不確実性を，大きく二つの性格に分けて考えることができよう。
　第一に，結果としてどのような結合が得られれば，制約条件や阻害要因を克服できるのかが不明であるという不確実性である。例えて言えば，ある鍵穴の内部が不明であり，鍵がいくつ準備されたとしても，どれを選択すれば良いか分からないという意味での「結果の不確実性」である。
　第二に，どのような方法・プロセスによれば，結果として求める結合が得られるかが不明であるということである。どのようなプロセスを踏むことが妥当なのかが，未知の結合を求めているがゆえに分からないという，「方法の不確実性」だ。この鍵穴に合う鍵をいかなる方法で作ったら良いか分からないという不確実性である。
　そしてこの二つの不確実性が，非連続的・未知の世界に生じていることからくる特徴は，帰納し演繹する方法のみでは不確実性を解消できないということである。つまり既知の部分が多い問題であれば，我々は，目標（この場合なら求める結合）を設定し，そこから，その実現の前段階には何が必要か，さらにその前には何が必要かと帰納を繰り返し，現実に手にしているところ（既存の結合要素）から逆に演繹を繰り返し，目的にたどり着くことができる。鍵穴の内部を把握し鍵を作る方法が分かっている状況である。
　しかし，現在対象としている非連続的イノベーションにおける不確実性は，その方法では克服できない[6]。
　この不確実性に対して，我々が用いるべき論理は，多様性である。結果の不確実性と方法・プロセスの不確実性に対応して，多様性の二側面が，不確実性を克服するために有効と考えられる。

---

[6] 未知の結合の実現においても，一般的な結合に関する解析や知識が一定の有用性を持ち，必要とされる多様性を低減できる可能性は存在する。

① 結果の多様性

　様々な結合結果，そこに含まれる結合要素と結合態様の多様性の中に，未知の制約条件，阻害要因を克服する結合が生成される可能性がある。未知の鍵穴に，様々な鍵を差し込んでみる。制約条件，阻害要因の解析に限界があるならば，多様性こそがその解決を可能にすることがある。

② 方法論・プロセスにおける多様性

　しかし結果の多様性を活用するだけでは，運まかせであり，あまりにも不効率である。そこで活用すべきなのが，どのようにして鍵穴に合う鍵を作っていくべきかという方法論・プロセスにおける多様性の活用である。それは試行錯誤に伴う学習である。

　まずは，ある程度ランダムにいくつかの鍵を作って鍵穴に差し込んでみる。このプロセスで少なくとも二つの学習が進むであろう。一つは，求められる結合の制約条件や阻害要因に関する部分的理解である。この鍵は先ほどの鍵より少しはかみ合っている，とすれば，鍵穴の形状の一部はこうではないか，という学習である。もう一つは，様々な鍵を効率的，体系的に作る方法だ。例えば，なるべく凸の多い鍵から作って，その凸を削って違う鍵をつくれば良いという学習である。

　これにより，運まかせの世界から一部を解析の世界，計画の世界に移行することができるようになる。

　また，我々は長丁場の試行錯誤において自らをいかに動機付けるかということも学ぶであろう。組織内でいかに多様性創出の機会を確保するかということも学ぶであろう。メタレベルでの学習も進むのである。

　加えて，チームによって試行錯誤がなされる場合，お互いの異質な知識・思考方法が提示・交換され，相互作用による創発・学習が進み，それが上記の解析・計画の世界をさらに拡大するであろう。

　このようにして，我々は，結合の実現に伴う不確実性を克服する多様性創出の論理を得る。

(3) コンテクストの創造[7]

　イノベーションが成功するためには，実現（結合）の不確実性を克服した上で，需要の不確実性を克服しなければならない。実態モデルの価値抽出プロセスにある不確実性の克服である。この克服のためには，まずこの不確実性のレベルを弁別しそれに応じた克服方法を考えていくことにしよう。

① 評価基準・評価方法がほぼ確立されている場合

　需要の不確実性とは，利用者にとっての価値の不確実性である。したがって，この不確実性が比較的克服しやすい状況は，準拠に値する価値の評価基準・評価方法が存在する場合である。これは，需要の不確実性が比較的低い状況と考えるが，準拠に値する評価基準・評価方法によって，イノベーションの候補としての結合を測定・評価する，あるいは潜在的利用者から評価を受けるという方法で，一定程度，その結合の価値の評価が可能である。

　一般的に準拠に値する評価基準・評価方法が存在するとは，その対象とする結合と同種・類似の結合が対象とする用途や利用者と同種・類似のそれに利用された実績があり，そこからその評価基準・評価方法が見い出されるような状況であるから，本書で考えるイノベーションにおいては，原則としてこの状況にはない。

　なお，評価基準・評価方法がほぼ確立されている場合には，その前提として利用者が明確でありその評価基準も明確であると考えられていることが多いが，その場合も含め，この状況と認識される場合は，その認識が誤りでないかどうかの確認が重要である。それが誤りである場合には，大きなイノベーション機会を遺失し，イノベーションに成功した企業に対して大きな競争劣位を被ることがある[8]。

② 利用者・利用局面が明確に想定される場合

　評価基準・評価方法は不明であるが，利用者・利用局面が正しく想定でき

---

[7] コンテクスト：何かに関係している何かを理解する助けとなる，状況，できごと，あるいは情報（Longman, Dictionary of Contemporary English, http://www.ldoceonline.com/, 2011 年 8 月 17 日取得より筆者訳）。本書では原則としてコンテクストをこの語義に基づいて考えていく。
[8] イノベーションのジレンマ（Christensen, 1997），4 章 1.5 参照。

る（不確実でない）場合には，上述①の場合よりは，不確実であるとしても，需要を把握・抽出する様々な可能性が存在する状況であると言えよう。潜在的利用者調査も可能であり，それに基づき，評価対象や評価基準を設定できる可能性がある。また，利用者・利用局面が類似する製品やサービスとの比較検討，データの参照も可能であろう。

ただし，本書におけるイノベーションの非連続性は，一般に利用者・利用局面を正しく想定することが困難，あるいは想定し得てもその正しさを確認することは困難であるような状況をさしているので，この条件が成立することを前提として需要，価値の存否判断，価値の抽出を行うことを想定し難い。

③ 利用者・利用局面等明確に想定されない場合

利用者・利用局面等が不明確，あるいは想定され得ない，こうした場合に，対象とする結合の価値の存否判断，価値の抽出は極めて困難である。

例えば，存在し得なかった画期的な結合，既存の製品の10倍の性能を持つ製品ができるが，それがどこで誰に使われ，どんな価値を提供するのか，この一切が不明な場合である。非連続的イノベーションは，このような場合として起こることが多い。

こうした状況に対峙する我々の論理は，コンテクストの創造である。

コンテクストとは，結合の価値を認識するためにそれと関係付ける結合の外部環境，状況，できごと，情報等である。

本書では，コンテクストを創造することによって，結合の価値を抽出する，需要を評価しようとする。何故これが必要かと言えば，結合はその内部に価値があるのではなく，外部との関係において，究極的には人間の認識において，結合に価値が付与されると考えるからである。その認識は，アプリオリな認識のみを言うのではなく，経路依存的な知識蓄積や技術開発等にも基づく認識である。このことをDrucker（1985, p. 30，邦訳，8頁）は，「人間が利用の方法を見つけ経済的な価値を与えない限りなにものも資源とはなり得ない。・・・地表にしみ出る原油やアルミの材料であるボーキサイトが資源となったのは一世紀少々前のことである。それまでは単に地力を損なう厄介物に過ぎなかった」と述べている。

2. イノベーションの論理モデル　27

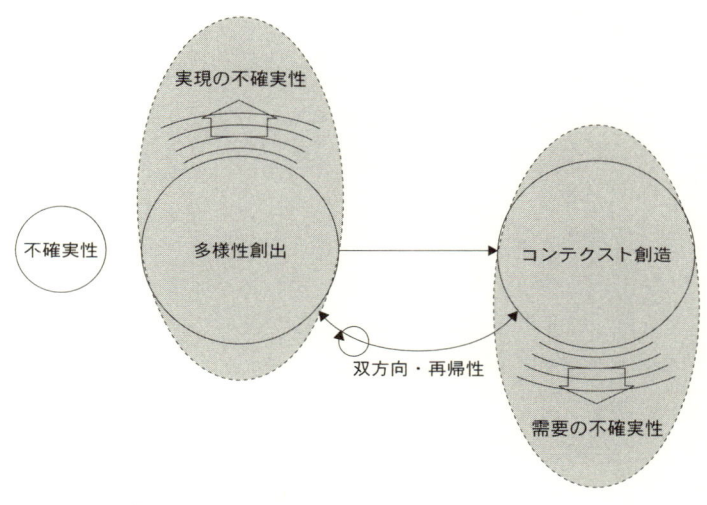

図2-2　イノベーションの論理モデル

[図：「不確実性」の円と、「多様性創出」（実現の不確実性）と「コンテクスト創造」（需要の不確実性）の二つの楕円が「双方向・再帰性」で結ばれている]

出所：筆者作成。

　つまり，非連続的なイノベーションにおいて，結合の価値を認識，評価・抽出するためには，それがおかれるべきコンテクストを創造する必要があるのだ。

　コンテクストを創造し，そこに結合をおき，そのコンテクストにある状況，できごと，情報とコンテクストの相互作用を考えることにより，結合の価値，結合へのニーズ，結合に関わる制約等を想像し，シミュレーションし，洞察することにより結合への需要の存否を評価することが可能となってくる。

　結合の実現よりも価値抽出，さらにはコンテクスト創造こそがイノベーションの中核であると考えられる場合も存在する。それゆえに，本書ではコンテクストを「創造」するとの用法を用いる。これは，コンテクスト創造をイノベーションの顕在に先行するメタ・イノベーションと考えることでもある。

　以上を踏まえて，コンテクスト創造の第一の意義は，結合の価値評価・抽出のためであるが，ポスト産業資本主義時代のイノベーションにおいては，以下に示すようにさらに深い次元での意義を有すると考えられる。

先述したように，ポスト産業資本主義時代に求められるイノベーションは，差異性の利用を超え，差異性の意図的創造であるが，結合の差異性を考えるに先行し，その差異性を認知し得るコンテクストを創造することは，結合をとりまく環境と結合の関係に新しさを生みだす行為であり，差異性の創造に他ならない．コンテクスト創造は差異性の創造に直結する意義を有するのである．

なお，社会・世界に極めて大きなインパクトを与えるイノベーションの中には，それが技術・製品・事業として世に出た後，最終利用者や中間利用者（生産財生産者）の多様な活動により，そのコンテクストが当初のイノベーション主体が考えていた範囲を遥かに超えて継続的に創造され続けたと考えられる事例が多い．

1946年弾道計算用に1秒に5,000回の加算を行うENIACが生みだされたとき，この30トンの塊がその後たどった道のりを想像した者がどれくらいいただろうか．給与計算，工場管理，科学技術シミュレーション，巨大交通機関の運行管理・座席予約，物流在庫管理，宅配便配送管理，・・・自動車エンジンの燃料噴射制御，日本語ワープロ，ゲーム玩具，・・・半世紀を超えるコンテクストの創造により，そして実現手段（技術）の発達・洗練により，このコンピュータのイノベーションは自己増殖を繰り返して来た．コンテクストが次々に創造される潜在的可能性こそがこの種のイノベーションの本質であるようにも思える．

2.2 論理モデルの全体像と近似に関するまとめ

以上をまとめて論理モデルの全体象を整理し，モデルの近似について確認しておこう．

まず，論理モデルの出発点は，非連続的イノベーションに本質的に随伴する不確実性である．したがって，単純にモデルを記述すれば，「不確実性 → 多様性創出 → コンテクスト創造」という構造となり，不確実性のうち実現（結合）の不確実性を克服するための論理が多様性の創出，需要（価値抽出）の不確実性を克服するための論理がコンテクストの創造である．

論理モデルにおける近似についても留意点を述べておこう。まず，不確実性を前提に多様性を創出しコンテクストを創造するというプロセスは，一方向性ではない。一般的に意図的なイノベーションでは，なんらかの目的意識に基づいてイノベーションが志向される。換言すれば，そのイノベーションを評価する前提としてなんらかのコンテクストが想定されている。その想定されたコンテクストに基づく評価に耐え得るべく，結合の実現が試みられるのである。

これは，でき得れば効率的に結合を試みようという当然の目的志向である。加えて，なんらかの結合が実現されつつある段階で，当初のコンテクストを変更する創造が行われ，それに合わせた結合の実現が志向されることも多い。以上は，コンテクスト創造と多様性創出の間に存在するフィードバックであり，実態モデルと同様に論理モデルにも双方向性がある。

加えて，結合段階でなんらかの価値が予感されるがゆえに価値抽出・コンテクスト創造の段階に進捗することを考えると，多様性創出（結合）の論理の中に，少なくとも暗黙のコンテクスト創造（価値抽出）が内包されることになる。価値が全く予感されずに価値抽出段階に進むことは考えにくい。つまり，多様性創出の活動の中に，論理モデルの再帰性が存在するのである。

かようにこの論理モデルに関しても，現実は複雑で個別性が高い。しかしだからこそ論理モデルを考えるべきであるという考えは，実態モデルと同様である。

また，論理モデルにおいても思考実験，シミュレーションを活用することは可能であり，必要であると考える。特にコンテクスト創造は，ほぼ全般に思考実験と言い得る抽象的な知的活動である。

以上で，本書における非連続的イノベーションの分析・検討フレームがほぼ整った。イノベーションの実態活動を見ると，「知識蓄積 → 結合 → 価値抽出」とモデル化できる。それにより，非連続的イノベーション実現のための克服課題である不確実性が「実現の不確実性」と「需要の不確実性」であることが把握できる。それらに対峙するモデルを考えると，前者を克服するために必要となる論理が多様性の創出であり，後者を克服するために必要と

なる論理がコンテクストの創造である。つまり，非連続的イノベーションの克服にむけて「不確実性 → 多様性創出 → コンテクスト創造」とモデル化できる。

　以上の準備を踏まえ，ここから，多様性創出の意義やそれによる結合実現の促進，コンテクスト創造の意義とそれによる価値抽出の実現につき検討を深め，非連続的イノベーション実現の核心を探っていくこととしたい。

3章
多様性に基づく結合の創出

　前章までに，非連続的イノベーションにおける不確実性の態様・性格の明確化，そのためのモデル化（実態モデル）と不確実性を克服するためのモデル化（論理モデル）の構築を行った。ここで，前章までの結果を踏まえて，非連続性を克服するための論理と実行に関する検討の深耕を行おう。合わせて，関連する既存研究の検討も行う。

　はじめに，本章で不確実性を克服するための論理として，多様性の意義やその発露によるイノベーションを考えていく際の分析の視点を検討しておこう。

1.　多様性の意義に関する検討

1.1　多様性の意義検討にあたっての分析視点
(1)　試行錯誤と知識蓄積及び学習

　2章に示したように，結合の不確実性を克服するためには「結果の不確実性」と「方法・プロセスにおける不確実性」に対応して，「結果の多様性」と「方法論・プロセスにおける多様性」が必要である。その両者を創出する活動は，「試行錯誤」の活動として一体に行われ，それを強化するのが学習である。

　結果が成立（実現）するための成立条件，制約要因等がほとんど見い出せないような極めて不確実な状況を想定し，そこでのイノベーションプロセスを素描してみよう。

　・・・結合の成立条件に関する知識は全く不足している。また，観察して

それらを見い出す視点も不明で，そのための道具もほとんどない。観察の機会を求めても，自ら動かない限り，ほとんど何も起こらない。まず様々な結合を試行することが必要と思われる。ふり返れば無駄になるとしても，様々な多様性を生みだしてみる，必要な冗長性を試みるということから始めよう・・・。

なんらかの結合を試みざるを得ないこと，そしてそれが他にない合理的な選択となる，それが未知，不確実性への対応の初手となる。

そこに鍵穴がある，ということ以外一切の状況が不確実な状況であり，未知の鍵穴に試みるための鍵を作りだし，鍵穴に合う鍵を探し始める，というプロセスである。

ショックレーらによるトランジスターの発明のような偉大な知性によるイノベーションでさえ，いかにしたら目的が達せられるか，ほとんど計画のないまま，結晶の中の電子の運動に関する物理学の知識に基づいた様々な仮説の実行により，様々な結合を生みだすことから始められたのだ。

そして，ほとんどの場合，様々な結合は，成立せずに終わる。鍵穴には合わない。

そして，大切なことは，次々と様々な結合を試みることである。つまり，諦めずに「試行錯誤」を続けることが必要なのだ。

試行錯誤を続けるにあたって大切になるのは，実態モデルにおける知識蓄積の豊かさである。相当の不確実性を克服するに足る多様性を生むためには十分な試行錯誤が求められる。そのためには，様々な結合を試行するための知識が必要である。知識が不足していては，十分な試行錯誤は行えない。

知識蓄積は，試行錯誤に二つの働きをなす。第一には，知識が結合要素そのものとなることであり，そのために一定以上の知識が必要となる。

第二には結合の態様をいかにするか，つまり結合に関する仮説を生み，試行錯誤を繰り返すためにも，知識蓄積[1]が決定的な役割を果たすのだ。

トランジスターの場合で言えば，超一級の理論物理学者であるショック

---

[1] 不確実性の高い分野，つまり未知の分野であっても，他分野・目的で蓄積した知識蓄積が仮説を生みだすために活用できよう。

レーとバーディーンがそれぞれの知識蓄積に基づき，次々と仮説を提示したがゆえに様々な試行錯誤が行われたのだ。

　こうして試行錯誤が続けられる中で，学習に焦点をあてることが重要となる。学習の意義は，必要な多様性の低減と多様性創出の効率化，さらに試行錯誤プロセスの客観化である。

　学習の第一の意義の「必要な多様性の低減」は，試行錯誤する中で，対峙する複雑性の観察が徐々に可能となり，やがては一定の解析が可能となることである。当初全く不確実でその確実な観察すら不可能であった不確実性といえども，試行錯誤によりなんらかの観察の手がかりを与えるだろう。手探りする内になんらかの突起を感じる，あるいは薄明かりが漏れだしてくるという現象である。そこから徐々に観察が始まり，少しずつ解析が可能となり，不確実性の一部が不確実でなくなり，不確実性が減少する。全くの試行錯誤から，解析により，いくらか確実に対応できる世界が少しずつ生成する。すなわち，確実性・再現性・効率性の世界への染みだしである。

　学習の第二の意義の「多様性創出の効率化」は，試行錯誤の方法論の洗練である。その順序，兵站，結合の方法論等を洗練し，多様性創出の効率化が実現される。

　この二つが作用して，最終的に必要な，実現可能な結合へのアプローチが見えてくる。実現の不確実性が低減，つまり，射るべき的が徐々に定まり，射るための腕が磨かれ，的を射抜く時が近づくのである。

　学習の第三の意義の「試行錯誤プロセスの客観化」は，組織の中でいかに試行錯誤を継続するか，あるいは試行錯誤するメンバーの動機付けをいかにするか等の試行錯誤に関するメタ学習である。当初は没頭するのみで，見えなかった視点が見え，例えば，日常業務に追われる企業の中で，試行錯誤の保護区（サンクチュアリ：sanctuary）を確保し，多様性の創出環境を維持する努力も可能となってくるのである。

(2)　結合主体と組織

　上記の多様性創出のプロセスを考える上で，その主体について吟味してお

くことが重要である。誰が結合主体なのか，どんな結合主体であるべきなのかを考えることから上記のプロセスを深掘りする必要があろう。

本書で対象とする組織内のイノベーションにおいては，一般にこの主体は組織である。そして，組織内の個人が個別具体的な主体となり，組織内ではその個人間に多様性創出に関する連携，時に阻害が起こるであろう。

結合主体が，個人として，あるいは組織としてどのような特性を持ち，どのような活動を行うことが結合の多様性の創出，そしてイノベーションの実現につながるのかを検討する必要があろう。

以上に示した，多様性の分析に関する視点の準備を踏まえ，ここから，技術開発，経営における多様性に関する先行研究を検討していこう。

1.2　経営学における多様性に関する先行研究の検討

企業が環境に対応して生き残っていく必要性は，多くの経営者から語られ，環境適応の必要性が適者生存・自然淘汰という言葉になぞらえて語られることも多い。経営学においても，多様性が，多角化と企業の寿命，淘汰のメカニズムとも関連して語られて来た。

しかし，自然淘汰は当然に一定の多様性の存在を前提にしているにもかかわらず，経営学の研究において「多様性と生存の関係」について，十分な研究がなされて来たとは言えない状況[2]である。さらに本書が対象とするのは，よりミクロな個々のイノベーションにおける多様性とイノベーションの成功の関係に関する領域であり，この領域における先行研究はさらに限られている[3]。

しかし，一部の先駆的研究がこの領域に着手し始めているので，その内容から検討していこう。

2　このことについて高橋伸夫（1999, ii 頁）は，「…なんとなくもっともらしいアナロジーに頼った感覚的な主張が繰り返されて来たが，会社や組織の「寿命」と「多角化」，より一般的に表現すれば，「生存」と「多様性」といった概念をまともに取りあげ，論理的，科学的に考察することがいまこそ経営学にとって必要なのである。」と記している。

3　丹羽清（2006, 196 頁）は，この領域について，「…試行錯誤を効果的に行うにはいかにしたら良いのか，現在の失敗を将来の糧にできないか，など研究開発のフロンティア」と表現し，本書での実現の不確実性と多様性について検討を進めている。

(1) 丹羽清らによる不確実性に対する多様性の研究
① 一部プロセスが省略された試行錯誤によるイノベーション

濱崎と丹羽（2007, 408-411頁）は，研究者が企業にイノベーションをもたらすような科学技術上の発見につながる実験を試行錯誤で行う場面に注目し，それを効果的にマネジメントする手法の確立を目指した研究を行った。

研究者が行う一般的な実験プロセスを，Plan（a. 実験計画），Do（b. 実験の実施），See（「c. 実験結果の測定」と Check「d. 計画と実験結果の差の要因分析」[4]とするモデル化を行い，実験プロセスは，「a. 実験計画 → b. 実験の実施 → c. 実験結果の測定 → d. 差の要因分析 → a'. 次の実験計画：差の解決策の計画 → ⋯」という繰り返しサイクルとなるとしている。

その上で，無知・未知領域では，全てのプロセスが確実には実行できないから，論理的に説明できないプロセスについては，熟考するのではなく，省略して強引にプロセスを進めざるを得ない状況が出現すると言う。

例えば，「b. 実験の実施 → c. 実験結果の測定」において，実験結果が正しいかどうかわからない場合には，暫定的に「b'. 再実験の実施 → c'. 実験結果の再測定」を行うべきことがある。また，「b. 実験の実施 → c. 実験結果の測定 → d. 差の要因分析」で差の要因分析が思うように進められない場合は，そこに拘泥せず，「a'. 差の解決策（想定）→ b'. 再実験の実施 → c'. 実験結果の再測定」を行うべきことがあるとするのである。

丹羽らは，こうした省略された強引な試行錯誤プロセスによるイノベーションの成功事例を示すと共に，マネジメントは，省略しつつ試行錯誤を続けようとしている研究者に対して，ただちに省略しようとしているステップに関する論理的説明を求めるべきでないこと等を提言している。

この研究は，不確実性が非常に高い場合の試行錯誤について，その試行錯誤さえ本来あるべきプロセスを踏めない場合の方法論を示すものとして意義深いものであると考える。

本書は，試行錯誤について，この研究のようにその内部構造を検討するも

---

4 以下，「差の要因分析」と記す。

のではないが，この研究は，本書の思考フレームに，「一般的な試行錯誤プロセスが不能なほど不確実性が極めて高い状況においてこそ，でき得る限りの試行錯誤を行うべきである」ことを付け加える。それほどまでに，不確実性の克服のためには試行錯誤（多様性）の活用が有効，必要となることを示している。

② 現場主導の少人数プロジェクトにおける試行錯誤

板谷と丹羽（2005，553-556頁）は，不確実性が高い材料研究において，試行錯誤のマネジメントを対象として，現場主導の少人数型 R&D マネジメントを研究した。こうした分野では，偶発的な発見や試行によるブレークスルーが重要であり，そのためには，メンバー各員の前例に捉われない発見機会を増やすことが重要であると考えた。そこで，マネジメントサイドとの明確なミッションの共有化を前提に，破格の実行権限を少人数の現場に委譲し，かつ権限が曖昧にならないようなフォーマルな少人数型のプロジェクトが有効であろうとした。プロジェクトには組織外とも接触する権限を与え，それによって，試行錯誤の結果を自らの基準で判断することも担わせた。また，マネジメントは，報告要求，管理は意図的に抑制し，現場での試行錯誤に関する意思決定が円滑に進むような「邪魔をしない」配慮が重要であるとした。

この研究は，特に不確実性の高い研究において，プロジェクトに少人数でありながらフォーマルに自律的に活動する権限を与え，現場の試行錯誤によりイノベーションを活性化することを提案したものである。

この研究も試行錯誤プロセスとそのマネジメントのあり方自体を検討するもので，本書とは主旨が異なるが，不確実性が高いイノベーションに試行錯誤を意図的に活かしていくべきであることを前提としており，本書でのイノベーションにおける試行錯誤（多様性創出）の重要性を支持する内容であると考える。

③ 民間企業の研究者・技術者による「多様性の経営」に関する研究

三菱電機の山崎宏之（1999，232-235頁）らは，そもそも多様性は組織の基本的特性であり，ネットワーク社会においてその特性はより顕著になり，

またそれを積極的に活かすべきであるとする研究を行っている。

ここに示された基本認識は,「イノベーションのない組織は変化の激しい時代に生き残れず,イノベーションのためには多様性が必要である」ことだ。特に近年,設計・製造の現場のイノベーションにも Science based skill が必要となってきており,それが,1970年代後半から同社の半導体関連分野における Ph. D 保有者の投入として実現され,歩留まりの向上などの成果をあげたこと等が示されている。

また,多様性に関わる現在の重要項目として,不確実性があげられ,「将来は現状のトレンドを一直線に延長したところになく,現状からいくつかの枝分かれしたものとなる。このことは,エンジニアリングの世界は chaos の状態であることを示している」と説明している。不確実性への対応に多様性が必要であることをいうものと解釈できる。

また,多様性に関わる経営のキーポイントとして,多様性の確保と多様性のインテグレーションがあげられている。その上で,多様性のインテグレーションとして経営トップのビジョンと価値の革新をあげ,「価値の革新は組織の目的に直接係わるものである。技術革新が,目的達成の手段に係わるものであることを考えると,価値の革新は高次革新[5]といえる。高次革新が統一性の源となる」としている。

この研究は,極めて短い論文として発表されており,研究者達の思考のスケルトンを示唆的に述べているにとどまる。しかしこの研究は,最も激しいイノベーションによって生き抜いている企業の現場体験者が,不確実性を克服するための多様性の意義とそのマネジメントの重要性を強く指摘していると解釈でき,本書の主張と主旨を同じくすると考える[6]。

以上,丹羽らによる二つの研究と山崎らの研究は,不確実性の高い研究開発のフロンティアにおいて,試行錯誤の重要性が認識され,それを対象とす

---

[5] 学習において高次学習と低次学習があることにならって,このように名付けたとする。
[6] なお,この研究における,「多様性のインテグレーションには価値の革新という高次革新が求心力となる」という主張は,本書4章におけるコンテクスト創造(一種の高次革新)による多様な結合の絞り込みの議論に相当する内容と考える。

る研究が端緒にあることを示しており，本書の問題意識，主張，「一定以上の実現の不確実性に対しては試行錯誤による克服が有効，必要である」との主張を支持しているものと考える。

なお，これらのいずれの研究も本書とは主旨が異なるため，試行錯誤が何故不確実性の克服に有効かについては，触れられていない。その点で本書が，その理由を試行錯誤による多様性創出そのものによる「実現」に加え，そのプロセスにおける学習が必要多様性[7]を低減し，多様性創出を効率化することにあるとの考え方を提示していることに，意義があると考える。

(2) 高橋伸夫らによる「生存と多様性」研究

高橋伸夫（高橋伸夫編著，1999，i–iv 頁）らは，会社の寿命の議論に際して会社が生き残るためには多角化が必要なのではないか，という議論が感覚的に行われて来たと指摘し，会社や組織の「寿命」と「多角化」，より一般的には「生存」と「多様性」といった概念をまともに取り上げ，理論的，科学的に考察することが経営学にとって必要であり，また，社会学の分野で発展して来たエコロジカル・アプローチがそれを可能にしつつあるとして，当該分野の研究を行っている。

高橋らの研究の中で，本書の視点に関係し，高橋らに先行する研究として，Pelz & Andrews の研究所環境と研究業績の関係についての調査の紹介を行っているので，まずその原典をレビューしておこう。

① 研究所環境と研究業績に影響を与える要因についての研究

彼らは，研究者[8]の活動について，実態を調査・研究し，次の研究結果を得た。

　ⅰ）一般に，研究者個人が仕事時間の 1/2 ～ 3/4 を専門に向けるとき，しかも 2，3 の異なった専門分野，基礎的な問題と応用問題に同時に従事する際，さらには研究以外の管理・教育に一定の時間を割く際にその業

7　必要多様性とその低減については，7 章 5.1(2) 参照。
8　以下，研究者とするが，いわゆる開発技術者や研究補助者も含む結果であるが，原則として狭義の研究者とここでの研究者においてほぼ同等の調査結果が得られたことが示されている。

績[9]が最大になる（Pelz & Andrews, 1966, p. 75, 邦訳, 96頁）。
　ⅱ）チームに多様性がある，すなわち戦略・アプローチの型あるいは専門経歴の志向が同僚と類似していない科学者は，そうでない科学者より高い業績を示す（同前, p. 151, 邦訳, 190頁）。特に，本人の意識においても客観的な事実においても，創造的である研究者においては，その傾向が顕著であった。
　ⅰ）は，本書で考える「結合主体（個人）の活動の多様性」が，研究者個人の成果にプラス要因となっていることを示すと考えられる。この研究では，その理由を，科学者の直接の問題領域以外に存在する実あるアイデアに科学者をさらけだすこと（同前, p. 77, 邦訳, 97頁），科学者が批評会（review conference）に参加すると，そこで各スタッフが彼の将来の進むべき方向を述べること（同前, p. 59, 邦訳, 78頁）であろうと推定している。
　なお，本書の観点からは，結合主体の活動の多様性は，個人の成果にプラス要因となるだけでなく，結合結果の多様性[10]につながる可能性が高い点からも重要な事実であると考える。
　ⅱ）は，本書で考える「組織としての結合主体の多様性」が組織の成果を高めることを示していると考えられる。この研究ではその理由として，"不安定性"と"ゆさぶり"がイノベーションに必要な知的せりあいの一つの原因となることをあげている（同前, p. 141, 邦訳, 176頁）。
　結合主体が個人の場合はその活動の多様性が，結合主体が組織の場合はその内部の多様性が成果を高めることを示す以上の結論は，多様性による不確実性の克服がイノベーションの一つの中核を担うと考える本書に対して重要な示唆を有すると考える。
　本書の考え方においては，結合主体の活動の多様性や結合主体の組織とし

9　後の矢野正晴の研究にもある通り，業績指標を何にするかは大変重要な意義を持つ。本研究では，各人の業績をよく知る判定者による①専門分野における技術・科学的知識への貢献，②組織体の責任遂行における有効性という評価指標及び，③報告書数，④論文もしくは特許数それぞれを見て，結論を出しているが，本研究の要因との関係では，それぞれの業績は概ね一致したと言う（Pelz & Andrews, 1966, p. 5, 邦訳, 9頁）。
10　同じ研究人員からより多数の結合が生みだされる。

ての多様性が，不確実性に対峙する際の試行錯誤やそこでの学習の相互刺激・相互触発を強化し，試行錯誤や学習が不確実性への対応・克服の力を増すことにより，イノベーションの成果が高まると解釈できる。ただし，この因果は上記の研究結果から導かれるものではないので，その確認は今後の課題である。

② 矢野正晴によるチームの多様性と独創性の研究

高橋らの一連の研究の中で，矢野正晴はハイテク製造企業 A 社の研究所の研究員 1,200 人に関する相互評価アンケート調査から次の結論を得た（高橋伸夫編著，1999，155-176 頁）。

ⅰ）チーム・個人の「特許出願数や論文数」と独創性とは相関関係が低い。

ⅱ）製造企業の研究開発チームにおいては，個人特性（の和）とは別のチーム特性としての独創性が存在する。

ⅲ）「チーム構成メンバーの多様性」[11]と「異質性取り込みなどのリーダーのチーム・マネジメント」[12]がチームの独創性につながる。

ⅰ）は，本書のテーマと直結する結論ではないが，イノベーションを起こそうとする組織における人事マネジメント・評価に関わる重要な指摘であると考える。形式・客観化できる指標のみ，あるいはそれを重視し過ぎた評価やマネジメントの危険性を示している。

本書における多様性の意義と密接に関係するのは以下の結論である。

ⅱ）の，a）チームの独創性は，リーダーの独創性との相関関係が低い。b）チームの独創性は，チーム内の個人（リーダーとメンバー）の独創性得票数の合計との相関関係が低い，という二つの事実から構成される結論である。

リーダー個人の独創性や，それに個人の独創性を加えたものがチームの独創性に貢献していないという結論である。

その上で，本書の観点からは最も重要な次の結論ⅲ）を得ている。

ⅲ）は，チームの構成メンバー同士に存在する多様性，つまりチームについて言えば，非均質性と，チームに異質性を取り込もうとするリーダーの

---

11 多様な知識・考え方，海外や大学との接触，異分野経験，及び多様な性格・個性。
12 異質性取り込み，混合のチーム・マネジメント，及び組織間連携。

チーム・マネジメントがチームの創造性を高めるとの内容である。また，リーダーは自分自身の独創性でなく，マネジメント力でチームの創造性に貢献できるという結論である。

　本書の考え方によれば，リーダーは，結合主体（組織）やその活動の多様性を通じて，また，結合主体（組織）に異質性を取り込むことにより，結合主体のイノベーション力を高めることができると解釈できる。

　なお，この意義についても，本書の視点からは，結合主体の多様性が，不確実性に対峙する試行錯誤や学習を促進し，その結果としての多様性創出が不確実性の克服能力を増すと解釈できる。しかし，上記の研究結果からは，この因果までは確認できない。それは今後の課題である。

③　高橋伸夫による生存の条件の整理

　高橋伸夫（同前，15-18頁）は，一連の研究の一つの総括として，企業の多様性（多角化）と生存について次の結論を得ている。

ⅰ）日本企業は，合併によって寿命が伸びる現象が見られるものの，それは，ほとんど同業種間の合併であり，多角化ではなかった。一方，系列では淘汰によって多様性を減少させながら，生存可能性を高めていった。高橋は，このことを「企業戦略レベルでは，多様性を高めることで生存可能性が高まるという主張は間違っていた可能性が高い」とする。

ⅱ）他方で，組織レベルでは，上記「②矢野正晴によるチームの多様性と独創性の研究」の結論等から，組織内の多様性が増すことで組織の創造力が向上するとの帰結を得ている。

　その上で，企業のダイナミクスとして次の展開を説明する。

ⅲ）生き残って来た企業は，環境変化によって生みだされたビジネスチャンスを活かして，その活動を，量的，地域的に拡大し多角化し成長する。そのようにして企業に多様性が増すと，それらを調整・評価する組織づくりが重要になるが，それは一般には簡単でなく，また必要な時間に大きく遅れをとって実施される[13]。

13　こうした困難について，高橋は，1908年のGM創業から1929年までの間に事業拡大にのみ熱心であった創業者ウイリアム・デュラントと組織づくりを求める銀行団や最終的に組織づく↗

iv）多様性は良好な環境下では組織の成長とともに増大し，組織に望ましい結果をもたらすかも知れないが，ひとたび環境が悪化し，危機的な状況がおとずれれば，多様性の一部を淘汰することで組織全体の延命がはかられる[14]。

以上の高橋の結論に対する，筆者の考えは次の通りである。

ⅰ）については，今後の日本企業のM&Aを考える際にも重要な示唆であると考えるが，まさに企業戦略レベルの議論であり，主として非連続的イノベーションを実行する場合についての結論ではないことから，本書の検討対象とはしない。

ⅱ）については，本書のテーマに直接関わるところであり，先にも示した通り，他の先行研究と合わせてその意義を十分に検討し，本書の研究に活かしたい。

ⅲ）本観点も企業戦略レベルについて語るものであるが，本書の次元—個別の非連続的イノベーションの検討においても類似の観点からの考察が必要であると考える。個別イノベーションの場合においても，多様性を増加させることは，投入資源・マネジメント負担を増大させる方向にあるので，どのような目的において，いかなる多様性をどの程度増大させるべきか，あるいは必要な多様性をいかに低減できるか，また，同じ多様性の存在下におけるマネジメント負担を低減するためにはいかなる施策が必要かを考えることが重要である。

本書の観点から最も掘り下げる必要があると考えるのは次の論点である。

ⅳ）での高橋の認識は，好環境下において，必ずしも経営の戦略的意図によらず戦術的な環境対応によって多様性が増大し，その不効率事業を含む冗長性を悪環境下において切り捨てることによって企業が生き残ることが可能になると考える論理とも読み取れる。

りに成功したアルフレッド・スローンの例により記述している。
14　ここから高橋は，危機的状況で経営に求められる極めて重要なこととして，経営者が未来を指し示しつつ（見通し），「未来の重さ」に基づく意思決定を行うことであるとの論を進めている。これは現下の日本企業にとって極めて重要な指摘であると考えるが，本書が目指す範囲を超える領域の議論なので，その検討は行わない。

筆者には，多様性は特に悪環境下において安全弁のような役割を果たしているが，必ずしも積極的意味は大きくないという考え方とも受け取れる。これに対して本書では，戦略的意図により，好環境下にもあるいは悪環境を打開するためにも，多様性を創出すべきであり，かつ外部要因によらず，自ら積極的に淘汰することによりイノベーションを実現しようと考える。

個別の非連続的イノベーションを活性化するという観点からは，悪環境下では，多様性を減少させて生き残るとの考えが，悪環境下でのイノベーションの可能性を低下させ，悪循環に入ることを危惧するのである。

ただし，高橋の企業戦略レベルの議論と本書での個別イノベーションの議論は次元が異なるので，いかに解釈すべきかについては，今後さらに検討が必要であると考える。

以上の先行研究の検討をとりまとめると次の通りである。

本書では実現の不確実性に対して多様性創出，具体的には多様性の一態様としての試行錯誤と結合主体の個人，組織としての多様性を重視すべきであると考えた。不確実性の極めて高い分野のマネジメントはフロンティアであり，多様性と生存についても経営学として学問的に取り組んだ研究は極めて少ないが，それらの先端的研究によると，試行錯誤の重要性や結合主体の多様性についてそれが創造性，イノベーションに重要な意義を持つことを示唆する結論が得られた。

ただし，試行錯誤や結合主体としての個人，組織の多様性がいかにして創造性に有用であるかについては，本書の見解は仮説であり，既存研究はそれを否定しないが，肯定するものでもない。

以上で，実現の不確実性に対峙する論理として多様性創出が有効であることに関し，一定の支持を得ることができたと考える。そこで，以下に，多様性を創出する方法についての検討と提案を行う。

2. 多様性の創出方法

多様性創出について，ここでは，それを積極的に創出する方法を検討して

おこう.それを阻害する要因については,5章においてコンテクスト創造を阻害する要因と合わせて検討を行う.

多様性を積極的に創出する方法として大きく,冗長性の許容と非意図的多様性の活用に二分してその内容を検討しよう.

2.1 冗長性の許容

(1) マルチテーマ

冗長性を許容,あるいは,積極的に推奨する方法として,多くの企業で,研究者・技術者に複数のテーマを担当することが容認,推奨,あるいは義務化されて来た.

本書のここまでの検討を踏まえて言えば,多様性創出の観点からマルチテーマには大きく二つの意義があると考えられる.第一に,先に見た通り,マルチテーマに取り組むことにより,結合主体の創造性が高まる可能性が高いことである.第二に,同じ人員で多種類の結合が創出され得ることである.

マルチテーマがデメリットとなる可能性としては,あまりに多くのテーマに取り組むと各テーマでのパフォーマンスが低下することである.先に示したPelz & Andrewsの研究によれば3,4のテーマまでであれば,一人の研究者の総合的な創造性・成果は低下しないとの結論であるが,研究分野,テーマの進捗段階,個人の特性等に応じて適宜調整を行うことが必要であろう.

なお,筆者は,「技術が高度化し,競争が激化し,イノベーションの規模も拡大し,イノベーションの速度も上がっている現在において,マルチテーマは困難,あるいは競争力を削ぐのではないかと」の意見を耳にすることも少なくない.しかし,筆者の見るところ,二人の人員がそれぞれ,一人が一つの仕事に専念しているところをそれぞれの人員が8:2で2を相手の仕事に振り向けた場合,仕事の切り換え時間とコミュニケーション時間は効率低下をまねくものの,本来創造的に仕事し,多様性を生むべき所を一人で囲い込んで閉塞している可能性を考えれば,仕事のタイプによってはマルチテーマの効用が効率低下を上回る可能性は十分にあるように思われる.そう思え

るほど，今の日本企業での仕事が膠着しているように感じられるのである。また，この方法では，一見マルチテーマの第二の意義，人員当たりの多種の結合の創出は総テーマ数が同じであり，期待できないようにも思えるが，一つのテーマ内における多様な結合は，複数人で取り組むことによって，ほぼ確実に増大すると考えられる。

マルチテーマに関し，具体例をあげれば，長い歴史を持ち，その多くの成果が良く知られているのは，3M の 15％ルール[15]である。これは，執務時間の 15％を自分の好きな研究に使っても良いとするものである。そして，ポストイットをはじめとしてこの制度により同社が生みだしたイノベーションは多数に及んでいるという。

同様の方策は，3M に比べて遥かに若く，そして業界も新しい Google でも採用されている[16]。同社のエンジニアは，自分の就業時間の 20％を自分の好きなプロジェクトに費やすことができる。同社は，検索に加え，次々と新しいサービスメニューを市場化しているが，この制度の中から生まれているものも多いという。

日本における同様の方策として，東芝のアンダーザテーブル研究[17]や日立製作所においてかつて"闇研究"と呼ばれていたものがある。東芝のアンダーザテーブルは，比較的確度の高く収益に近い研究・開発を行いながら，別途，相対的に不確実性が高い研究・開発テーマを持つという考え方であり，日本語ワープロ等のイノベーションがこの方式から生まれた。

また，かつてのソニーでは，公式のテーマ以外に隠れ研究を行うのは研究者・技術者の当然の権利であり，企業の創造性維持のために推奨されていた。その可能性を保持するため，その結果の失敗を咎めることのないように，「失敗したら闇に葬ってしまえ」と，なかったことにしていたという（蓑宮，2010，162 頁）。

---

15 日経ビジネス（1998, 31-32 頁）。
16 石塚満（2010, 76-85 頁）。
17 森健一・八木橋利昭（1989, 12-13 頁）。

(2) マーケットテスト，ニッチビジネスマネジメント

　冗長性を認め，活用する方法として，イノベーション主体における価値抽出の限界をその前提とした方法がある。本書では，イノベーションにおける価値の抽出主体は，まずは提供者，イノベーター側であるべきと考え，原則として消費・利用者にそれを委ねることを考えていないが，例外的に消費・利用者にその一部を委ねることが有効となることはあると考える。

　一定の価値（需要）が予想される結合を市場に問うてみる方法である。こうしたマネジメントの有効性は事業特性との関係による。例えば，顧客の製品コストに占める割合が比較的小さい生産財・資本財では，当初から量産効果を発揮しなくても顧客に試用される可能性があり有効である。また，ソフトウエア事業等で，比例費の割合が低く，既にある固定費に若干の比例費を上乗せすることで提供可能な商品においては，こうしたマネジメントが有効である。

　前者の事業特性を活かしたこのタイプのマネジメントによるイノベーション活性化の典型事例として3Mにおけるニッチビジネスのマネジメントと呼ぶべき方法があげられる。同社は，同規模の大企業としては，極めてカタログ化された製品数が多い企業である。我が国の現地法人である住友スリーエムにおいては，3万を超える製品[18]を取り扱っている。これらの製品の中から，結果的に売れ筋となるものが，長寿命製品となっている。

　同社の製品の多くが，顧客の製品コストに占める割合の比較的低い生産財・資本財—例えば，自動車塗装におけるマスキングテープ等であることから可能となる戦略である。

　後者の事業特性を活かす典型事例がGoogleのβバージョンの市場化戦略である。同社は多くのサービスにおいて，βバージョンでサービスをカットインし，ユーザーの反応をフィードバックすることにより，サービスの価値確認，サービス仕様・品質の向上を行い，肯定的感触を得た場合に事業を本格展開する。現在，検索に次ぐ同社の主力サービスであるGoogle mailもこ

---

[18] 同社のホームページ（http://solutions.3m.com/ja_JP/Products/ProdServ/）参照。

の方法で事業化された。

一方，ユーザーからの価値評価が低い場合には，早期の撤退を行っている。Google 不動産，ラジオ広告等において早期撤退が実施された。

同社の多くの事業・サービスがクラウドプラットフォーム上の追加サービスの態様であるため，新事業・サービスのテスト投入にあたって追加の固定費をほとんど必要とせず，若干の比例費の追加によって可能となることが，この方法の積極活用につながっているといえよう。

2.2 非意図的多様性の活用

積極的に多様性を創出・活用する方法の一つとして，"非意図的多様性"の活用も重要である。当初の計画通り，またはその近傍で生みだされたのではない多様性，あるいは，一見，偶然・幸運によって生まれた多様性への着目・活用である。

多くの場合，企業や組織，あるいは個人においても意図的なイノベーション・創造活動では，意図して生まれた多様性が重視されるが，不確実性の高い状況では，その不確実性の中に成立している結合には，非意図的であれ，それが存在している，ということ自体に価値があることがある。試行錯誤によりなんらかの結合を実現しようとしている中で，意図はしてないけれども成立している結合，それがイノベーションの重要契機となることがあるのだ。一般には，意図した結合ではないから，失敗，あるいは"ゴミ"として廃棄される可能性も高いが，非意図的結合から生まれた巨大イノベーションは数多い。

この典型事例がセレンディピティと呼ばれる発見，発明，イノベーションである。フレミングによるペニシリンの発見は，細菌繁殖の研究の休暇中に放置しておいた容器にカビが生じてしまったという意図せざる多様性の結果としての結合によっている。その結果，人類は意図もしていなかった偉大な結果（細菌への抗生作用）を手にすることが可能となったのである。

ショックレーらによるトランジスターの発明は，半導体の接合界面に想定した薄膜形成に失敗するという，想定外の多様性の結果としての結合に，予

測と逆方向の半導体接合において，意図していた結果（半導体結晶による増幅作用）を見い出した結果である．

　こうした非意図的多様性によるイノベーションの例は，科学・基礎工学の分野から事業革新に至るまで，多種多様にあげられる．事業の典型例としては，3M におけるポストイットがある．強力な接着剤を求めて開発されてしまった失敗作―良く着くが簡単に剥がれる接着剤という非意図的な多様性の結果としての結合が，科学的には必ずしも非凡ではないが，事業としては非凡なイノベーションを生んだ．

　極めて重要で全社的な意思決定が，非意図的多様性に基づいてなされた例もある．インテルは半導体メモリ企業として創業したが，1970 年代末から日本企業の追い上げにあい，1985 年，メモリから撤退し MPU 事業を主力事業とする企業に転換した．しかし，MPU 事業は，インテルが主体的に開始した事業ではなく，日本の電卓メーカビジコン社からの開発依頼に対して，資源投入を節約するため生みだした窮余の一策だった．非意図的な多様性の結果としての結合である MPU を活用することで，インテルは生き残ることができたのだ．

4章
コンテクスト創造に基づく価値抽出

　前章で，非連続的イノベーションに付随する実現の不確実性の克服のための多様性創出に関する論理と実行に関する検討を行った。

　本章では，結合から価値を抽出するプロセス，論理的には，需要の不確実性を克服するためのコンテクスト創造についての論理と実行に関する検討を行おう。

1. 先行研究における関連・近傍概念の示唆と本書でのコンテクスト創造

　本書の論理モデルにおけるコンテクスト創造は，ある結合に需要・価値が存在するか否かの判断，あるいはある結合に需要・価値を見い出すこと——実態モデルにおける価値抽出を可能とするために遂行される。そこで，コンテクスト創造に関する検討の前提として，まず，価値評価や価値抽出が先行研究においていかに取り扱われているかを検討しよう。

1.1　MOT論と価値抽出・評価

　MOT（Management of Technology）は，1980年代日本企業のキャッチアップ，そして品質による凌駕に危機感を覚えた米国が，日本的な品質管理の導入・体系化と同時に，再度本質的に先行するために，すなわちイノベーションの活性化を目的として興した技術活用の方法論に関する論理体系である。

　MOTはその出発点を技術におき，技術の可能性の追求というスタンスを

底流とするため，研究，開発のありかたを中心として，その開発結果をマーケティングする，あるいはマーケティングの観点で再検討するというフレームとなっている。すなわち，本書での結合の創造論を中心として，一旦そこで議論を分断し，しかる後にそれをいかにマーケティングすべきかという視点でイノベーション全体を考える論理体系である。

　出川通（2004，12-37頁）は，結合の創造とマーケティングのプロセスを，「研究 → 開発 → 事業化 → 産業化」と認知し，その各プロセスの目的・活動様式のポイントを提示している。加えて，研究から開発への移行の困難さを「魔の川（devil river）」，開発から事業化の移行の困難さを「死の谷（death valley）」，事業化から産業化のへの移行の困難さを「ダーウィンの海（Darwinian sea）」と称することを紹介している。価値抽出との関係で特に重要なのは，研究と開発のあるべき方向性の違いとその見誤りによる魔の川越えの失敗である。出川の指摘する研究と開発の共通点は，「新しい世界への挑戦・発見・創意などによって，人類に役立つシステム・モノなどを自然法則を用いてつくる」ことである。他方，両者には決定的差異があり，それは，前者が「科学の成果をもとにいろいろな試みを行い，新たなシーズを見つけていく作業」であり，後者は「研究で得られたいろいろなシーズをもとにして一つのターゲットへ絞り込んでいく作業」であるとする。その結果，両者をマネジメントの観点でベクトルとして示すと，前者は発散型，後者は収束型と全く異なる[1]とする。これを見誤って後者でも発散のマネジメントを行うと魔の川越えに失敗するというのだ。

　出川の指摘を本書の言葉で言えば，研究は，様々な結合要素を用いて多様な結合を生みだすことを中心とするプロセス，開発は，結合を評価する，すなわち価値に関わるプロセスと捉えられる。収束させるためには，評価を行い淘汰することが必須だからである。

---

[1] 筆者は，研究と開発のマネジメントを峻別する上で，この切り分けは極めて妥当なものであると認識する。その上で，2章に示したように，本書での多様性創出が研究に，コンテクスト創造・価値抽出が開発に相当するものとは考えていない。本書でのイノベーションプロセスは，研究にも，開発にも，生産にも，販売にも，マネジメントにもフルセットで内在し得ると考えるからである。

1. 先行研究における関連・近傍概念の示唆と本書でのコンテクスト創造　51

しかし出川においても，他のMOTの概説書である藤末健三（2005, 343-350頁）においても，価値の評価・抽出については，マーケティング活動として，一応研究開発とは別個の活動として，簡単に触れられているにとどまる。

MOTで，研究開発，特に開発においても，評価・価値抽出プロセスが強調して取りあげられない理由は，MOTは，あくまでも技術起点の思考方法だからであろう。そして，MOTは，評価・価値抽出プロセスを結局のところマーケティング活動として，研究開発の枠外で行われると考える認識フレームなのである。

本書の論理で言えば，MOTは，技術に着目してそれから新しい結合を生みだす困難さを克服する，すなわち，結合の創出を重視したマネジメント論と考えられる。

もちろん，出川らの，現在の日本におけるイノベーションの課題を的確に認識してMOTを考える議論では，プロセスイノベーションからプロダクトイノベーションが求められるパラダイムチェンジが起こったことを認識し，マーケティング視点が重要となっていることを強調，指摘している（出川，2004, 23-25頁）。すなわち，結合のユニークさをより強く求めると同時に，マーケティング活動，すなわち，価値抽出，絞り込みの重要性が高まっているとの議論を展開している。

しかし，イノベーションは研究，開発，・・・，マーケティングに遍在していると考える本書とはフレームワークが違うがゆえに，マーケティング活動という次元で価値抽出を考え，研究開発活動との連携の重要性を指摘しているのである。

価値の抽出，評価活動をイノベーションに内包するものと考えようとする本書とは，異なる次元の認識フレームである。

なお，シーズ開発に関する評価・選択がより表面に出たフレームワーク，先行研究として，いわゆるステージゲート法[2]（原吉伸，2005, 21-128頁）が

---

2 「予め定義された開発活動要素で構成される」ステージと，「プロセス品質のコントロールと意思決定（Go, No-Go）判断ポイントである」ゲートの数度の繰り返しにより商品開発の成功確↗

ある。このステージゲート法を見ると，いくつかのゲート・ステージにマーケティング活動が分割される形で織り込まれているのを見ることができ，本書でいう価値抽出，価値評価の活動と重なるところがあるように見える。

しかし，次の二つの理由から，ステージゲート法における需要に関する評価は本書の先行研究にはならないと考える。

第一に，ステージゲート法における需要の評価は，それが比較的確実な評価として実施できることを前提としていると考えられることである（同前，35, 42 頁）。

第二に，第一の理由の要因でもあるのだが，ステージゲート法は，全体に非連続的イノベーションではなく，製品の改良等の再現性・確実性の高いプロセスに適用することを前提にしていると考えられることである（同前，1, 22 頁）[3]。

以上に鑑みて，MOT，ステージゲート法いずれも，本書での非連続的イノベーションにおける価値，需要の評価の先行研究とは考えられない。ただし，日本における MOT の議論において，需要に関する検討（マーケティング）を重視すべきとの方向が共通して見られることは，本書での問題意識—イノベーションにおいて困難な結合の実現に加え，その価値抽出・評価が必須になるとの認識と重なり，本書の枠組みのありようを支える方向を示していると考える。

ところで，近時，広義のイノベーション研究の中から，あるいはマーケティング論の研究の中から，本書の立場での価値抽出あるいはコンテクスト創造の概念に一部重なる先行研究が生まれている。以下，それらを検討し，本書の考えとの異同について考察しよう。

＼率，開発効率，投資効率等の向上を図ろうとする方法論。
3　原吉伸のステージゲート法は，ゲート・ステージの 5 段階の繰り返しとして定型的に定義されており，これは非連続的イノベーションを前提としたものとは考えにくい。また，日本企業にとってのステージゲート法の意義は，これまで定義してこなかった商品開発プロセスをプロセス改善のために定義することである，としていることからも，非連続・非定型なプロセス，本書でのイノベーションを対象としているとは考えにくい。

1.2 「価値づくり論」とマーケティング論からのアプローチ

上記の位置付けにある先行研究として，主として技術に依拠する"ものづくり"に加えて，主として顧客の認識に関わる"価値づくり"を重視していくことを主題とする一群の研究成果を見ることができる。

⑴　延岡の「価値づくりの技術経営論」

延岡（2010, 6-19頁）は，「価値は，ものづくり（商品）と社会（顧客）との接点における複雑な相互作用の結果として創発する」という考え方のもとに，価値づくりの技術経営の重要性を提唱している。この提唱は，① 近年優れたものづくりが価値づくりに結びつきにくいことを背景とする問題意識であること，② 特に電気・情報機器産業においてそれが顕著であることを念頭においていること，③ 問題意識とその解決ポイントを"価値"においている点において，本書でのコンテクスト創造と近いところがあると考える。

延岡の分析フレームでは，ものづくりが価値づくりを構成する要因の一つとして含まれるものと捉えている。そして，価値づくりには，ものづくり以外の二つの外部要因が関係するとする。一つが競合企業との関係で定まる優位性であり，もう一つが顧客との関係で定まる狭義[4]の価値（顧客価値）であり，ものづくり力と優位性，加えて狭義の価値が価値（広義）を創るとしている。

延岡はここから議論を進め，ものづくりと価値づくりの相関関係が変化してきているとする。日本企業が強みを発揮できた時代には，ものづくりと価値づくりの相関関係が高かったとする。しかし近年二つの要因により，その相関関係が低下したと考えている。その理由は，第一に競争関係が激化して，それが価値づくりに大きな影響を与えるからであり，第二に業界の平均的技術レベルが向上した[5]結果，顧客の基本的な要求を満たすことが容易になる一方，顧客価値に求められる複雑性が高まっている結果，それが価値づ

---

[4] 延岡はあえて狭義とは呼んでいない。使い分けがほぼ自明だからであろう。
[5] 技術が成熟化した結果と捉えることができよう。

くり全体に与える影響が大きくなっているからであると言う。

ここで延岡は，あらためて，価値づくりは機能的価値（自社で行うものづくり）と意味的価値（競争により定まる優位性と顧客との複雑な関係により定まる狭義の価値）の和であると再定義する。そして意味的価値は定量的な機能以外の価値であり，それを有しているのが，iPhoneやiPod，任天堂Wii，ダイソンの掃除機であると言う。それを機能的価値の高さを特徴とする日本の携帯電話やPS3との対比により説明している。

筆者は，技術の成熟，競争の激化の下で，ものづくりの価値（機能的価値の実現まで）が相対的に低下している製品・事業分野が多々あることに同意し，顧客との複雑な関係性への対峙から生まれる価値づくりの重要性が高まっているという認識にも同意する。したがって，これをものづくりと価値づくりの相関関係の低下と捉える延岡の分析フレームとそこから得られる意味的価値の重視という延岡の論理と結論の意義を追認する。

しかし，本書で提示するイノベーションモデルでの展開・結論と，延岡の分析フレームでの展開・結論には類似性があるものの，本書のモデルは，以

図4-1 延岡の「価値づくりの技術経営論」でのモデルとの異同

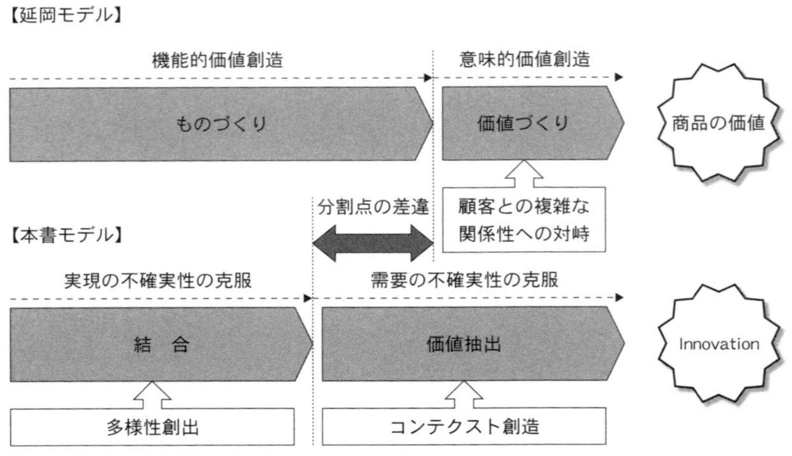

【延岡モデル】

機能的価値創造　　　　　　意味的価値創造

ものづくり　　　　価値づくり　　　　商品の価値

分割点の差違　　顧客との複雑な関係性への対峙

【本書モデル】

実現の不確実性の克服　　需要の不確実性の克服

結　合　　　　価値抽出　　　　Innovation

多様性創出　　　コンテクスト創造

出所：筆者作成。

下の三点において，本質的に延岡の分析フレームとは異なっている[6]。

第一に，延岡は，「ものづくり」のプロセスを，そこでものが創出（結合が実現）されるだけでなく，既に機能的価値の発生を包含すると考えていることである。あるいは，ものが創出されれば，当然に機能的価値が発生すると考えていることである。ここでの機能的価値とは「客観的に評価できる価値」（延岡，2010，12頁）である。それに対して本書での結合の実現プロセスとは，結合が実現できるのみで，価値[7]の存否とは無関係と考えている。本書のモデルでは，困難な結合が実現できれば，そこに希少性はあると考えるが，価値があるかどうかは，結合の困難さや希少性とは無関係と考える。

本書のモデルでは，結合の実現は，価値の存否とは無関係[8]な独立したプロセスによると考えている。

第二に，延岡（同前，7頁）は，「ものづくりという言葉は広い意味で使用しており，基礎研究から技術開発，商品開発，製造など，ソフトウエアやハードウエアのすべて含む」とするが，本書でいう結合要素と結合はさらに広く，販売方法，費用回収方法（レンタルや広告），コンテンツ提供等のビジネスモデルに関わる要素，知財マネジメントの方法等までを含むと考えている。

第三に，延岡（同前，10頁）は，日本企業は高度なものづくりをベースに，それに加えて高い価値づくりを目指すべきだとするが，筆者は，必ずしも高度なものづくりをベースにすることにこだわらないことを提言する。延岡は，高度なものづくりこそが現在の日本の強みであり，それは，組織能力として蓄積されたものであるから，それに基づく価値は，容易にまねられない，キャッチアップされないから，それをベースにすべきであると言う。筆者も高度なものづくりに基づく場合の有利さは否定しないが，さらに次の二

---

[6] 目的と視点を異にすることによる認識方法，モデルの差異であり正誤の問題ではないと考える。
[7] 本書では「価値とは需要が存在すること」と考えている。
[8] 繰り返しになるが，"価値"とは，経済的価値，利用者から見ての便益，延いては需要の存在を指している。困難な結合の実現（高度な機能性等）に科学的価値や審美的価値があり得ることを否定するものではない。

つのことを提言したい。

① 延岡の言う価値づくり[9]の能力も組織能力として構築・蓄積可能であると考えられ，日本企業は，ものづくりの組織能力の構築・蓄積に加え，今後は，価値づくりの組織能力を構築・蓄積することが可能でかつ必要であると考える。

価値づくりについては，例えば，スティーブ・ジョブズの独断専行や盛田昭夫の慧眼が神話化し，極めて属人性が高く組織能力とはなりにくいような議論もある。しかし，事業・企業規模やその継続性を考えると，現在のアップルやかつてのソニーにおいて，全ての価値づくりをジョブズや盛田が担っていたとは考えられず，少なくともその一部は組織能力[10]であると考えられる。

また，3Mは技術開発だけでなく，その活かし方（価値づくり）が上手でイノベーティブな組織と言われて半世紀以上になるが，その間，価値づくりの組織能力が構築・蓄積・維持され続けていると考えるべきであろう。現在の日本企業もそうした組織能力を構築できるし，構築すべきと考える。

② 高度なものづくりという考え方に対し，明確にもの以外の結合を含むビジネスモデルや生態系の構築を取り入れることにより，ものづくりとしては必ずしも高度でなくてもそれを含むビジネスモデルや生態系として，容易にまねられない，キャッチアップされにくいイノベーションも志向すべきである。

上記の二点を提言する理由は，1章にも示したように，ポスト産業資本主義段階にあり，差異性の利用でなく差異性の創造が求められる日本企業，しかも20世紀由来のエレクトロニクス技術等が成熟する中でその差異性を創造しなければならない日本企業において，技術の強みに立脚した勝負だけを挑むのは，自ら進路を狭め過ぎることであり，時に危険であると考えるから

---

[9] 厳密には異なるが，以下，本書でのコンテクスト創造のことを価値づくりと呼ぶ。
[10] ただし，そうした組織能力を構築するにあたっては，ジョブズや盛田等の個性，特に創業者個人の役割が大きかった可能性を軽視してはならないと考える。

1. 先行研究における関連・近傍概念の示唆と本書でのコンテクスト創造　57

である。

　確かに戦力の集中投入は大切である。しかし，技術・ものづくりをベースにすることに集中することで成果が出ているであろうか。戦力を一部分散させてもレバレッジ効果の高い，価値づくり，本書でのコンテクスト創造に力を入れなければ日本企業は衰退する一方ではないだろうか。また，3MやGoogle，かつてのソニーを考えれば，コンテクスト創造を組織能力として蓄積していくことも十分可能と考えられるのである。

　以上を踏まえて，延岡の価値づくりの技術経営論から本書が参考とすべきこと，本書の立場から，「価値づくり」論に貢献できること，両者の異同を整理すると次のようになろう。

　第一に，技術経営論との立場を表明しつつ，「ものづくり」に加え，「価値づくり」として需要に関わる顧客からの認識を重視している点は，本書と共通する，あるいは本書に先行したものとその大きな意義を受け止めたい。イノベーションの成立を大きく二つの要素に切り分けている点で本書の考えに先行する。

　しかし第二に，ものづくりの段階を，顧客から見ての機能的価値を含む範囲までとする考え方は，本書の考えと異なっている。本書では，結合の実現は顧客から見て価値中立である。実現困難な結合[11]でも顧客から見て価値が低いかも知れない，簡単な結合でも価値は高いかも知れない。延岡の「ものづくり―価値づくり」と本書の「結合実現―価値抽出」では，プロセスを分割する位置が異なっている。本書で何故こう考えるかと言えば，実現できた結合を何らかの客観的機能指標で評価できるとしても，それが顧客にとって価値があるか否かは不明であり，結局顧客の立場からその客観的指標自体を再評価しなければならないからである。それならば，顧客から見ての価値の評価は，結合の実現と切り離して，別途一つのプロセスとして総合的に確実に実行すべきであると考える。そして，その総合性，確実性を担保するためにコンテクスト創造が意義を有する。

11　もし，実現困難な結合で顧客から見て価値が高ければ，それは差別化力，競争優位の継続可能性となると考える。

第三に，延岡は（同前，4 頁），「『価値』とは，ものづくり（商品）と社会（顧客）との接点における複雑な相互作用の結果として創発する」としているが，これを上市前にイノベーション実施者の立場からシミュレーションすることが本書でのコンテクスト創造と考えることができる。商品を取り巻くコンテクストを創造し，そのコンテクストと商品の関係性を考え，試行錯誤しながら価値の存否を考えることが価値抽出だからである。その意味で，延岡が「価値はものづくり（商品）と社会（顧客）の接点における複雑な相互作用の結果として」とするところを，本書では，「コンテクスト創造による価値抽出」であると，若干なりとも具体化，操作化し得たと考える。

(2) 石井淳蔵の「市場で創発する価値のマネジメント」論

　石井淳蔵（2010, 20-32 頁）は，マーケティング・マネジメントの観点から，「市場における価値創発」という議論を展開している。Christensen 及び Christensen and Raynor の過剰品質の議論を引き，その過剰品質にかわる価値として，「市場で創発する価値」の意義を提示しようとしている。石井は，前述の延岡のように価値創出全体に関する自身の考え方を提示していないが，過剰品質という言葉で示されている内容が，延岡の言う「必要以上の機能品質」とほぼ同様であると理解でき，市場で創発する価値を，機能変更による市場イノベーションとしていることから，延岡とほぼ同様の考え方を前提としていると思われる[12]。このことは，ハーレーダビッドソンが人気を得た理由を，「技術あるいは製品の技術属性や性能とさしあたり無縁のところで価値が生まれている」（同前，23 頁）と説明していることからも推察できる。

　以上の想定が妥当であるならば，本書の考え方との異同は，延岡に対する場合とほぼ同様であるが，マーケティング・マネジメントの立場からの提言として，本書での価値抽出及びコンテクスト創造への示唆と理解できるところがある。

12　ただし，価値と性能（延岡の機能価値に近い概念と想定される）は，単純な足し算ではなく，性能の改善がマイナスの効果を持つことなどを指摘している（石井淳蔵，2010, 24 頁）。

第一に，過剰品質に陥らずに市場イノベーションを実現する重要な概念として，「機能変更」を指摘していることである。Christensen らのミルクシェークの例を引き，それは，家庭で食べる朝食と同じ機能の範疇にあるのではなく，通勤の自動車内での食事としての機能の範疇にあることが見い出されたことを説明し，「生活者の生活と製品との新しい関係が生まれる」として，これを市場イノベーションと呼んでいることである。

　これは，本書において，価値抽出の背景の論理モデルとしてコンテクスト創造をおくことに符合する内容であると考える。すなわち，石井における「機能変更」により市場で創発する価値とは，コンテクスト創造により抽出される価値にほぼ相当する内容だと考えられる。

　第二に，市場イノベーション論を前提として，それを起こすのは生活者インサイトであるとし（同前，24-25頁），「ある技術とある需要が適合したときはじめて，互いに互いの姿の輪郭を持つことになる」，「技術あるいは需要が何ものかを決めるルールは，その存在より常に遅れてやってくる」と，価値存在の偶有性[13]を提示する。この議論は，技術と需要は独立には存在し得ないということを強調し，また，事前に想定した通りの技術で想定していた需要が発生するイノベーションは，必ずしも一般的ではない，あるいは希少であることを指摘するものと考える。

　技術と需要の相互規定性は，本書でいう，結合と価値抽出，あるいは多様性創出とコンテクスト創造の往復運動の必要性・意義に符合するものとして重要な示唆であると考える。

　加えて，イノベーションの多くが，想定通りの技術と需要に収束しないという指摘は，想定外の偶発的コンテクスト創造をもコンテクスト創造の一類型として重視する本書のモデルの意義を示唆する内容と考えることができる[14]。

---

13 「価値とは，他でもあり得た価値」とその偶有性を説明する（同前，25頁）。
14 石井はさらに，偶優性に立脚するがゆえに，フローとしての個々のイノベーションのマネジメントを考えるのみでは不十分であるとして，イノベーションのストックとしてのブランド価値に議論を進めるが本書の検討対象外なのでその議論には立ち入らない。

以上まとめて，石井の議論は，需要，すなわち顧客にとっての価値を考えていく上で，本書でいうコンテクスト創造の意義を支持[15]する内容であると考えることができる。

1.3 機会形成プロセス論の意義とその到達点

石井正道（2010, 1-39頁）は，非連続的[16]イノベーションにおける機会形成[17]を，その戦略的マネジメントの重要ポイントとして検討している。本書との関係では，そのうち，次の二点が重要である。はじめにその二点を記述し，その後に本書の議論との関係を検討しよう。

① 機会発見は企業家活動によってなされるとした上で，企業家の特性，特に事前知識（prior knowledge）及び学習と機会発見に関わる近時の研究成果の検討（同前，31頁）。

② 機会形成は，イノベーションのプロセスの中で長い学習が伴う機会創造と，学習が伴わない機会発見に大別可能であるとする検討（同前，31-34頁）。

①が示す内容は，第一に，人が保有している事前知識の違いがイノベーションの機会発見に影響することが実証データによって示されたことである。紹介される事例では，一つの発明に関し，複数の企業家により八つの市場が見い出されたが，それは事前知識，すなわち教育や仕事経験に大きく関連していた。また，その市場へのアプローチ（ビジネス）の仕方にも事前知識が大きく影響を与えていた。

第二に，企業家の学習能力も機会発見に影響することがわかって来たことである。学習能力の一つとして，知識の集中能力（intension）と拡張能力（extension）がある。前者は失敗をさけ多くの機会を試みず，後者は失敗を

---

[15] ただし，石井の議論は原則としてマーケティング機能を語るものであり，直接的にイノベーション全体を語ろうとするものではないから，この支持は部分的である。

[16] 非連続イノベーションの定義を，「産業レベルで，技術または市場のS字カーブの少なくとも一つを新たに生みだすイノベーション」とする（石井正道，2010, 6頁）。本書における非連続的イノベーションとほぼ同義と考える。

[17] 機会とは「何かをするのに好都合な時機。おり。しおどき。チャンス」とする（同前，39頁）。機会形成とは，機会発見と機会創造の両者を含む概念。

1. 先行研究における関連・近傍概念の示唆と本書でのコンテクスト創造 61

気にせず成功を最大限にしようと多くを試みるという。実験データによれば，拡張能力の方が機会発見に有利であることが分かった。

以上が，企業家がイノベーションに携わる以前から保有する特性と機会発見の関係である。

②では，イノベーションプロセスでの「企業家の学習と機会形成」の関係の検討結果が示される。それは，イノベーションは，機会発見から事業化と直線・直接的に進行するとは限らず，企業家が機会を発見しつつ学習するプロセスが重要となることがあることを示す。

その場合，企業家は，まず機会のヒントに気付く，しかしまだ機会は発見されていない。その後，試行錯誤を通じて学習が行われ，徐々に機会を発見していくという。この学習の必要の存否によってマネジメントの視点から，大きな違いがあり，それを理解するために有効な二分法として発見理論（discovery theory）と創造理論（creation theory）が提唱された。

石井は，以上をまとめて，機会発見に関する見方が変化して来たとして，次のように整理する。近年まで，「機会に関しては，認知してそれを活用する，または事業化する」視点で研究されて来たが，最近の研究では，「学習という要素が認知と事業化の間にあり，機会について発見と創造という区別が明確に出てきた」とする。

以上の議論に関し，本書の立場からの検討を行おう。

まず，以上の議論で，イノベーションの機会発見という場合の機会発見とは，本書で考える価値抽出，あるいはコンテクスト創造に相当，あるいは近い概念であると考えられることを確認しておこう。機会発見の事例として，一つの発明に関して，八つの市場とアプローチが見い出された場合があげられている。その内容は，例えば，「建築市場に建築モデルを提供」，「製薬市場に特殊マイクロ構造をもつ薬の製造を提供」等と表現されている。この市場とアプローチの対象になった発明（本書でいう結合）は「3次元プリンティングプロセス」であり，それをいかなる市場におき，その市場といかなる相互作用を持つか（アプローチ）を見い出すことが機会発見であるとされている。つまり，以上の議論における機会発見とは，コンテクスト創造と大きく

重なる概念である。

　したがって，①の内容である事前知識の違いがイノベーションの機会発見と市場へのアプローチに影響するという結果は，当然のことであると考える。イノベーション主体は，多くの事前知識に依存しながらコンテクスト創造を行うと推定できるからである。その帰結として，多くのコンテクスト創造を求める場合，あるいは多様なコンテクスト創造を求める場合には，多くの事前知識を持ったイノベーション組織で，あるいは異なった事前知識を持ったイノベーション主体で行うべきであるとの帰結を得る。

　さらに，②で述べる，機会形成[18]には，学習を伴わない機会発見と学習が伴う機会創造があり，後者では，機会のヒントに気付いた後の試行錯誤による学習が重要であるとの議論は，コンテクスト創造における学習の意義を示すものと解釈できる。なお，学習が重要な役割を果たすことがあるという点は，機会形成をコンテクスト創造として考えれば，ほぼ自明のことである。結合に関するコンテクスト（関係し得る環境全般）を考え，結合とコンテクストの相互作用を考え，そこから結合の価値を抽出するプロセスは，簡単には見通し切れないプロセスであり，そこに試行錯誤，学習が必要となるのは当然である。

　さらに石井が，学習を伴う機会創造が非連続的イノベーションの戦略的マネジメントにとって重要であると考え，特にそのプロセスについて研究を進めていることは，本書でイノベーションの中核の一つをコンテクスト創造と考え，それを包含するプロセスをイノベーションのモデルとして提示しようとしている問題意識と強く呼応するものである。

　また，逆に，石井が言う機会創造の学習プロセスの一態様が，本書で考えるコンテクスト創造における試行錯誤であることを，本書のモデルが明らかにしている。

　さて，ここで以上に加えて，コンテクスト創造の重要性を支持していると考えられる，イノベーション研究の泰斗からの示唆を確認しておこう。

18　機会形成も機会発見を含むものとしてコンテクスト創造とほぼ重なる概念と考えられる。

1.4 組織的知識創造論のアプローチ

野中郁次郎（野中・竹内，1996，93頁）らは，「知識は，暗黙知と形式知の社会的相互作用を通じて創造される」として，四つの知識変換モードを示した。

さらに四つの知識変換の中で，特に表出化のプロセスが組織的知識創造プロセスの真髄であるとする。何故ならば，表出化とは，共同化（経験の共有）によって創造された暗黙知を明確なコンセプト（形式知）に表すプロセスだからである。このプロセスを通じて，暗黙知が形式知化されることで，創造の萌芽がイノベーションに転換すると説明する。

ここで，野中らは，その際に決定的な契機となるのがメタファー，アナロジーであるとする。例えば，ホンダ・シティにおける「クルマ進化論」というメタファーが「マン・マキシム，マシン・ミニマム」というコンセプト，イノベーションを生んだ。また，キヤノンのミニコピアにおいて，設計者がビールのアルミ缶を手にすることにより，アルミ缶のアナロジーに基づき，画期的に低コストで実現される，使い捨てのアルミドラムのカートリッジ方式が考案された。

ここで，これらのメタファー，アナロジーは，暗黙知が客観化された表現を連想させ，それを表現する「枠組み」を与える役割を果たすと，筆者は考える。創造の萌芽であり，曖昧で客観的に表現され得ない暗黙知が，メタファー，アナロジーの与える枠組みの中で，形式知—表現されたイノベー

図4-2　4つの知識変換モード

	暗黙知	暗黙知	
暗黙知	共同化 Socialization	表出化 Externalization	形式知
暗黙知	内面化 Internalization	連結化 Combination	形式知
	形式知	形式知	

出所：野中郁次郎・竹内弘高，『知識創造企業』，1996，93頁より筆者作成。

ションとして定位するのである。例えば,「クルマ進化論」という枠組みがその枠組みにはまるものとしての「マン・マキシム,マシン・ミニマム」というコンセプトを生んだのであり,アルミ缶のアナロジーが,それがはまる枠組み―低コスト・使い捨て―を生み,その枠組みにはまる使い捨てのアルミドラムのカートリッジが生みだされたと考えられる。

　組織的創造論で中核とされている表出化のプロセスで,メタファー,アナロジーがキーとなっているという野中らの考え方を解釈すると,そのプロセスにおいて,メタファー,アナロジー,つまり創造が定位されるべき枠組み,本書の言葉で言えばコンテクストが組織的知識創造,イノベーションに重要な意義があることを示唆するものと考えられるのである。

1.5　イノベーションのジレンマと価値抽出・コンテクスト創造

　Christensen は,有力先行企業が,既存技術・パッケージから離れられず,後に主流となる新技術・パッケージに取り組むことができないジレンマについて分析した。Christensen（1997, p. 16, 邦訳, 44 頁）は,その原因を,新技術を取り入れた新しいパッケージは,既存の主流市場からかけ離れた,有力先行企業から見れば,とるにたらない低価格の小さな市場でしか評価されないからであることを示した。新技術・パッケージは,従来の評価基準では既存技術に劣るものの,後にふり返れば,より重要となる新しい価値基準におけるより高い価値を内包しているのだが,それが見落されることがあるのだ。新技術・パッケージが内包する新しい価値を組織として認知・評価できない有力先行企業がイノベーションのジレンマに陥ることを示した。有力先行企業であるほど,既存顧客,既存市場,そこから得られる収益を重視して,合理的な意思決定を行うがゆえに新技術・パッケージの価値を見い出し難いことがその理由である。その結果,既存技術・パッケージから新技術・パッケージに移行する際に有力先行企業が脱落し,主役交代が起こることが多いことを示したのである。

1. 先行研究における関連・近傍概念の示唆と本書でのコンテクスト創造　65

Christensen が実証した事例[19]によれば，大型コンピュータに用いられた 14 インチの HDD（Hard Disk Drive）の市場の顧客の主要な評価基準は，記憶容量，処理速度，信頼性であり，ワークステーションに用いられる 5 インチにおける評価基準は，記憶容量，処理速度，大きさであり，ポータブルパソコンに用いられる 2.5 インチにおける評価基準は，耐久性，消費電力，薄さなのである。そして，新しいパッケージが生みだした新市場はより低価格な大市場を形成し，いずれ新しいパッケージは古い市場にも進出し，一部そして最終的にはその大部分を代替するという現象が続いて来た。

この繰り返しの中で，一部の例外的企業を除いて，有力先行企業が HDD 業界から淘汰されたのである。

すなわち，有力先行企業が新技術・パッケージに対応できず淘汰されていく"イノベーションのジレンマ"の本質は，有力先行企業が新しい技術・パッケージを生みだす・活用することができない，という現象ではなく，彼らが新技術・パッケージに「価値を見い出さない，見い出せない」ということなのである。しかも，Christensen は，特に顧客に注目し，既存顧客を重視するあまり新規顧客を見い出せない，あるいは見ようとしないからだと指摘しているが，顧客は，本書におけるコンテクストの最も基本的な要素であることを考えると，結局コンテクストを見い出せないことがイノベーションのジレンマの主要因であると理解することができる。

以上から，結局，Christensen もイノベーションのジレンマの議論において，イノベーションのジレンマに陥るのは，技術的に実現できないこと，本書での結合の失敗によるのではなく，本書でいうコンテクストを適切に見い出せないからであることを指摘していると解釈できる。本書で，コンテクストの創造がイノベーション実現プロセスの核心の一つであると考えていることと整合する内容である。

19　14 インチと 5 インチの間には主にミニコンに用いられた 8 インチが，5 インチと 2.5 インチの間には主にパソコンに用いられた 3.5 インチが存在する。

1.6 Druckerにおけるイノベーションの機会の検討

先にも示した通り，Drucker（1985, p. 30, 邦訳，8頁）は，イノベーションとは何かを語り，「人間が利用の方法を見つけ，経済的な価値を与えない限り，何ものも資源とはなり得ない」とする。「地表にしみ出る原油やアルミの原料であるボーキサイトが資源となったのは，一世紀少々前のことである。それまでは，単に地力を損なう厄介ものに過ぎなかった」と続ける。これは，Drucker が認識の枠組み，特に，「何もの」かを位置付けるコンテクストを創造することがイノベーションの中核であることを強調した言葉と理解できる。

また，Drucker（同前，p. 30-36, 邦訳，8-44頁）は，イノベーションの七つの機会をあげているが，その一番目，最も確度の高い場合として，「予期せぬできごと。予期せぬ成功，予期せぬ失敗」をあげている。そして，1950年頃当時ニューヨーク最大のデパートであったメイシーの会長から家電の売れ行きを押さえるにはいかにしたら良いか相談を受けたことを紹介している。家電は利益率が高く万引きや返品もないが，そもそも高級デパートでは，婦人服が売上の7割を占めるべきだと会長は考えて，彼に相談したのだという。そしてその後20年，メイシーは低迷を続けたという。一方，そのころ，元々ニューヨークで第4位の売上を占めるに過ぎなかったブルーミングデイルが家電の売上増に注目し，婦人服中心のデパートから家電と家具を中心とするデパートに転換し，第2位の売上に成長したという。

この例を本書の考え方で理解すれば，家電の売上増という現実（実現）をいかに認識するか，という認識のフレームワーク，コンテクスト[20]を創造できなかったメイシーとそれが可能であったブルーミングデイルが大きくその進路を違えたということになる。

さらに本書の考え方で Drucker の示唆の解釈を進めれば，「予期せぬできごと。予期せぬ成功，予期せぬ失敗」とはなんらかの結合が実現している，つまりイノベーションのプロセスが半ばまで進行した状態と考えられるの

---

20 この場合は，本章2.3で述べる「内的コンテクスト」であると考える。

だ。したがって，コンテクストを創造することができればイノベーションが成就する。Druckerがあげる他のイノベーション機会，例えば，第7番目，最も困難な場合としてあげる「新しい知識の出現」に比べれば確度が高いのは当然なのである。「新しい知識の出現」から始まるイノベーションは，まず結合の実現という極めて大きなハードルを越えなければならないからだ。

以上みたように，Druckerもまた，ある種のイノベーションにおいては，何ものか（結合）の中に価値を見い出すために，コンテクストを創造することがその核心であることを示唆しているのである。

2. コンテクスト創造概念の吟味

前節では，まず，従来のMOTの議論において，価値抽出・評価がいかに取り扱われて来たか，あるいは来なかったか，続いて，極めて近時の技術経営論において，コンテクスト創造に関係する概念である「価値づくり」がいかに検討されているか，また本書のコンテクスト創造のフレームワークとの異同を検討し，さらにマーケティング・マネジメントの視点で語られ始めた「市場における価値創発」についても同様の検討を行った。

加えて，イノベーションの機会形成に関する議論を検討し，機会形成は本書でいうコンテクスト創造に近い概念であることを認識した上で，その一態様である機会発見には発見者の事前知識が大きな影響を与えることを確認した。これは，機会創造がコンテクスト創造に近い概念であることを考えれば当然のことであると考えられた。加えて，機会発見で学習が重要な役割を果たすこともコンテクスト創造と類似の概念作用であることを考えれば明らかであった。

以上の検討を大きく捉えれば，いずれの先行研究も，イノベーションにおいて，学習を含むイノベーション対象に関する認識プロセスが重要であることを示し，本書でコンテクスト創造としてそれを考えることの妥当性を示していると理解できる。

また，経営学におけるイノベーション研究の泰斗である，野中郁次郎，

Christensen，Drucker のそれぞれの創造論，隘路論，機会論から，イノベーションにおける認識の枠組み設定の重要さの指摘を確認した。それは，本書でのコンテクスト創造の意義を支持するものと考える。

以上に示した，先行研究の検討からのコンテクスト創造の意味や意義を踏まえた上で，本書で考えるコンテクスト創造概念の整理・吟味と拡張を行おう。

2.1 結合とコンテクストの関係の吟味

本書でのコンテクストの定義は，結合の価値を認識するためにそれと関係付ける結合の外部環境，すなわち状況，できごと，情報等であった。

そしてこの環境に結合が適応できるとき，その結合に関する需要の不確実性が低減・消滅，すなわちその結合には需要が存在し，それがイノベーションとして成立すると考えられる。適応とは，環境のニーズに応え，制約に適合し，価値が有るとの認識を受けることである。

ここで，コンテクストにおかれる結合は，技術パッケージ，製品・サービス，事業・事業群，企業全体等であり，それによりコンテクストの態様や具体的な内容も異なる。例えば，技術パッケージに対するコンテクストは，主としてそれを応用する製品とそれを応用する主体（技術者・設計者，調達担当者，製品企画者，調達企業等）である。製品・サービスでは，主としてその利用場面とそれを利用する主体（消費者，生産者，生産企業，利用企業，行政，学校，NPO 等）であり，結合が企業全体であれば，そのコンテクストは，潜在・顕在する協業・競合企業群であり，社会・国家，世界である。加えて，結合と環境を連結する市場や市場が機能するための流通・金融も環境，コンテクストに含めて考えるべきである。何故ならば，市場・流通・金融もその結合が適応する（定位・理解される）ための重要な条件を与えるからである。

また，それぞれのコンテクストは，静的な環境を指すのではなく，動的，歴史・経時的な意味での環境であり，さらに物理的な環境のみを指すのではなく，個人の心的状況，組織の学習蓄積，社会の雰囲気・傾向・慣性，文化

等の非物理的状況をも全て含むものと考える。何故ならばそれらを合わせて環境は結合との関係性をとり結ぶからである。

2.2 コンテクスト創造と多様性創出との関係性

コンテクスト創造概念の吟味に続き，コンテクスト創造と多様性創出の関係性についても検討を加えておこう。

本書の実態・論理モデルでは，結合が実現された後，コンテクスト創造により価値が抽出できるか否かが検討され，それが抽出されればイノベーションの実現が認識されるが，価値が抽出されなかった場合に，一般には，二通りの試行錯誤が想定される。

試行錯誤の第一の方法が，想定するコンテクストを転換することである。原則として結合を維持したまま，様々なコンテクストとの適応を試行する，そして適応するコンテクストを見い出すことがあるだろう。

第二の方法は，結合を転換して，今想定しているコンテクストに適応するかどうか試行することである。結合の要素・態様を試行錯誤することにより，想定しているコンテクストに適応する結合の実現に至ることがあるだろう。

そして，実現困難な非連続的イノベーションにおいては，この試行錯誤の二つの方法が互いに繰り返されることにより，ある時，結合とコンテクストが整合した瞬間，イノベーションの創発が認識されることになる。

多くの場合，現実には，第一と第二の方法の試行錯誤が同時に行われるであろう。結合とコンテクストの両者の試行錯誤が複合的に行われることになる。

これが，実態・論理モデルにおける結合と価値抽出の，多様性創出とコンテクスト創造の双方向性である。

なお，結果的に極めて見通しの良い仮説・企画に基づくイノベーションでは，ほとんど仮説・企画通りのコンテクストに結合が適応してイノベーションが成立することがある。この場合には，多様性創出からコンテクスト創造でなく，コンテクスト創造から多様性創出の順でイノベーションが実現され

たように見えるし，そう解釈することが自然である．しかし，暗黙の内に，あるいは自明のものとして，コンテクストへの適応が確認されていると考えることができる．

　一般に極めて革新的な技術開発が擬セレンディピティ[21]によって実現される場合は，この類型と認識されるであろう．典型的には，全米に安定的な電話網を構築するという企図に基づいて研究開発が始まり，そのコンテクストに見事に適応する半導体結晶内の電子制御による増幅素子——トランジスターという結合が実現されたイノベーションである．トランジスターの結合が実現されたとき，当初の企図がほぼそのままコンテクストとして成立することが認知されたと考えられる[22]．

2.3　コンテクスト創造概念の拡張

　ここで，以上述べて来たコンテクストに関し，その拡張概念を導入しておくこととする．それにより，コンテクスト創造によるイノベーション認知のプロセスを，より広範・一般的に理解することができるからである．

　ここまで，暗黙の内に，コンテクスト，結合に関する環境には，イノベーション主体，多くは結合を実現した者や組織は含まないとして考えて来た．しかし，イノベーションの本質を考えると，イノベーションをなそうとしている主体そのものが，結合が適応すべき環境であることも多い．外的環境に対して，イノベーションを起こそうとしている主体自身であることから，これを内的コンテクストと呼ぼう．

　結合にとって，それがイノベーションとして需要を生み，陽の目を見るためには，外的環境に適応するだけではなく，内的コンテクストに適応しなければならないことも多い．一般には，イノベーション主体はイノベーションを求めているのだから，ある結合に対して，その内的コンテクストは常に適

21　6章2.1参照．
22　トランジスターの本質，潜在的可能性に関する探知である（イノベーションの前半）．その後，安定性，周波数特性，集積度，歩留まり（生産性）等様々な課題を克服してトランジスター・集積回路の広範な実用に至った．イノベーションの後半に多大なエネルギーが注ぎ込まれ，イノベーションが完成した．

応しようとすると考えがちである。しかし，特に，元々イノベーション主体が望んで実現した結合でない場合には，適応する内的コンテクストが創造されにくい場合も多い。つまり，イノベーション主体が，イノベーションであると認識できるか，しようとするか否かがイノベーションの成否の重要な分かれ目となることもあるのだ。

　個人や組織が，現在・過去の結合に執着し，あるいは過去の常識に拘泥するあまり，今ここにある未来に向けての結合を受容，認識，活用できないことも多い。

　例えば，もし，盛田昭夫と井深大が，それが役に立つはずがないと決めつけていれば，ウォークマンは，一人の若手技術者の自分のためのおもちゃで終わったであろう。また，アンドリュー・グローブとゴードン・ムーアが，「もし我々が新任のCEO，経営陣であったならば」と文字通りの内的コンテクスト創造を行わなければ，彼らは過去に執着しメモリ事業から撤退し全勢力をMPUにかけるという意思決定をなし得なかったであろう。そうであれば，インテルのMPU企業化という大事業構造転換のイノベーションは実現しなかった。

　内的コンテクストが整わず，受容されるか否かの境目をさまようイノベーションは多数存在する。

3. コンテクスト創造の意義

　コンテクスト創造概念を吟味した上で，ここでコンテクスト創造の意義を確認しておこう。

3.1 製品・事業化プロセスにおける創発的コンテクスト創造

　製品化，事業化のためのイノベーションプロセスで実現されるコンテクスト創造である。本書におけるコンテクスト創造の第一義的な意味は，この態様である。コンテクストが創造されたこととイノベーションの実現が密接不可分な場合である。

そのコンテクストが創造されたから，結合の実現（必要な技術開発）に強力なドライブがかかる，あるいはそのコンテクストが創造されたからそれがイノベーションと認識された，あるいは，結合の実現が可能な範囲にコンテクストを創造することができたからイノベーションが実現できた等の様々な類型が存在する。

例えば，ポストイットは，良く着くが剥がれやすい糊が失敗ではなく，なにか意味があるのではないかとの洞察の契機，そして着け剥がしのできる栞というコンテクストの創造があったからこそ可能となったイノベーションである。

また，トランジスターの発明は偉大な技術開発の成果であるが，そのリーダーであるショックレーの心に技術開発にむけた火を点けたのは，後のベル研究所副所長ケリーの「この広い国土に散って住んでいるたくさんのアメリカ人がいつでも，どこでも，会話を交わすことができるというシステムは，何よりも重要な存在価値を持つ」という技術開発のコンテクストの宣言だったのである。ショックレーは，ケリーとのこの会話が，「私の人生を決定した。それから，私はこの仕事を生きている使命としたんだ」と何度も語ったという（菊池誠，2006，47-48頁）。トランジスターが発明されるまで，それから10年以上の歳月を必要としたのであるから，このコンテクストが20世紀最大級の発明の必須の条件であったと言って良いだろう。

なお内的コンテクストの創造を契機として実現されるイノベーションも，この態様の一類型である。

3.2　結合へのコンテクスト取り込み

結合の価値を抽出し得るコンテクストを創造するだけでなく，さらにそのコンテクストの一部を結合に取り込んで実現されるイノベーションが存在する。コンテクストの一部を結合に取り込むことによって，ユーザーの利便性を高め，同時に結合に内包される価値を高めるイノベーションである。

多くのビジネスモデルイノベーションと考えられる事例は，この類型である。

広く認識されている事例としては、iPod の事例があげられる。iPod は音楽を聴く局面のみをコンテクストとしてそこにとどまり、音質やコストパフォーマンスの最適化により成功したイノベーションではない。iPod は、音楽コンテンツの整理・抽出、調達をもそのおかれる重要なコンテクストとして想定して、そのコンテクストの一部を結合に取り込んだビジネスモデルにより成功したイノベーションである。

まず、iPod と対になるパソコンソフト iTunes に大量のコンテンツを取り込み整理する機能を付加した。iPod 自体には、大量のコンテンツから聴きたい曲を抽出するインターフェースを取り込んだ。

さらには iTunes Music Store というオンラインの巨大コンテンツ市場を用意し、コンテンツ流通そのものをコンテクストから結合に取り込んだのである。加えて、そこでの決済機能を強化・拡張する等、コンテクストから結合への取り込みを続け、結合を強化するイノベーションを継続している。アップルは、iPod を提供するのではなく、そのコンテクストを取り込みつつ、生態系を提供しているのである。生態系として一体で提供されているがゆえにストックの転換が起こりにくく、次のフローを誘発する効果も有している。

3.3 組織的意思決定に関わるコンテクストの役割

イノベーションであるとの認識を組織的に共有し、そのイノベーションの完成度を高め、製品・事業として仕上げて成功させていくことは容易ではない。後に評価すれば、極めて普遍的に利用されるイノベーションにおいてもそれが困難であることは多い。その際に、それがイノベーションであることを確信するイノベーションの当事者・中心主体が、適切なコンテクストを設定し、組織としてその評価基準を採用し、価値を評価することにより、組織としてイノベーションを認識する意思決定が実現できることがある。

この典型事例が日本語ワープロ開発時における東芝の事業部の意思決定である（森健一, 1990, 21-22 頁）。現在では、必需品として存在する日本語ワー

プロ[23]であるが，その実現性が確認され，試作機が作成された段階においても，その需要・価値の範囲・程度について，担当事業部内でも一致した評価を得ていなかった。事業部長をはじめ，「日本語入力の専門職のみが用いる道具であった日本語タイプライター」を代替する程度の需要とする見方も少なくなかった。

その段階で，開発[24]にあたっていた森健一は，日本語ワープロに関する文字通りの利用局面，コンテクストを創造した。そのコンテクストは，入社一年目の事務系社員が，事務文書を入力する，という利用局面であった。加えて，森らは，このコンテクストに合わせて極めて明確な評価基準を設定したのである。それは，手書きより速く入力できるかどうかというものであった。一方で手書き速度を確認し，日本語ワープロにおけるキータイプと変換前文字入力速度，かな漢字変換効率等を十分なレベルに到達させていた森らのワープロは，衆人の目の前で見事に評価基準を超えた。事務文書を一般事務員が入力した際に手書きより速く入力できることを実証したのである。

その結果，事業部長をはじめ，日本語ワープロの巨大市場可能性に懐疑的であった意思決定者達に日本語ワープロの需要・価値を納得させたのである。これにより，日本語ワープロは，一気に事業部での意思決定を超え，全社プロジェクト[25]とするとの意思決定がなされたのである。

コンテクスト創造が組織的意思決定の重要な契機，評価基準となる態様である。

4. コンテクスト創造の方法論へのアプローチ

非連続的イノベーションにおける需要の不確実性を克服するためのコンテクスト創造の方法論は，アルゴリズムとして書き下し，マニュアル化できる

---

23 現在では，最初の実現形態である専用機はほぼ姿を消し，日本語ワープロソフトとなっている。
24 ここでは，実現可能性を非公式に検討する探索段階で，公式な企画への格上げの準備が進められていた。
25 グループ他社の協力も得ることとなった。

ものではあり得ない。もしそうした対応が可能ならば，その需要は確実，予測可能，計画可能の範囲にあるからである。

また，本書の研究において，このコンテクスト創造の方法論に関しては，その検討の端緒にあり，さらに研究を深める必要がある。したがって，本書ではコンテクスト創造の方法論に関して，そのプロセスの特徴と実現のヒントとなるところの一部を指摘できるにとどまる。

コンテクスト創造の特徴は，上述したように，そのヒューリスティック[26]なプロセスである。ヒューリスティック，すなわち試行錯誤，実験的プロセスであり，その中で学習と発見が行われる。したがって，コンテクスト創造プロセスは，簡単には見えないもの，見い出し得ない核心を見抜こうと試行錯誤すること，洞察[27]の一態様と考えることができる。

洞察とは，何かの奥にある本質を見抜くことである。その一態様としてコンテクスト創造があると考えれば，コンテクスト創造の実現に向けてのヒントとして，次の四通りのアプローチが考えられる。

4.1 洞察の阻害要因を除去する能動的方法

我々の目と見通すべき本質との間に洞察の邪魔になる阻害要因[28]がある場合，それを取り去って洞察し得る可能性があり，それを能動的な洞察方法と考える。

① 最も不確実性の低い（邪魔になるものが比較的明確である）場合には，解析的に邪魔になるものを取り除くことが可能な場合があろう。観察・解析することにより，邪魔になっているものを想定し，それを除去すべき仮説を立案しそれを実行することにより，邪魔になるものを除去し，実相を見抜くことにより妥当なコンテクストを想定し得る場合[29]である。

---
26 ヒューリスティック：学習や発見を通じて認識を促進する（Longman, Dictionary of Contemporary English, http://www.ldoceonline.com/，2011年8月24日取得より筆者訳）。
27 物事を観察して，その本質や，奥底にあるものを見抜くこと。見通すこと（小学館『デジタル大辞泉』）。表面的に見ていたのでわからないような物事の真実を見抜くこと（小学館『類語例解辞典』）。見通すこと。見抜くこと（岩波書店『国語辞典』）。
28 それが何であるか不明確であるがゆえの阻害要因である。
29 筆者の知るこの典型的事例は，ベネッセコーポレーションにおける「いぬのきもち」創刊 ↗

ただし，我々が対象としているのは非連続的イノベーションに存在する不確実性への対応プロセスであるから，完全な観察・解析は不可能であり，仮説立案とその実行は一回では終わらず，何回かの試行錯誤の後にコンテクストを創造することができるだろう。

② 不確実性がより高い場合には，ほぼ非解析的なヒューリスティックプロセスにより，コンテクスト創造の可能性を探ることになろう。洞察の邪魔になっているのは，多くの場合，イノベーション，特にコンテクスト創造に際して前提となる，あるいは想定する目的・価値に関わる事項であるから，それらを転換，廃棄するのである。

具体的には，前提としていた次に示す事項を転換，廃棄する[30]。

ⅰ) 目的に関わる事項（当初の目的・計画）

ⅱ) 目的達成のための資源（既存の知識，常識）

ⅲ) 価値・評価に関わる事項（評価基準，重視する価値，顧客・利用者，評価者の立場，かつての成功／失敗）

4.2 洞察の阻害要因が除去されていることに気付く受動的方法

我々の目と見通すべき本質との間で洞察の邪魔になっていた何かが既に消滅しているにもかかわらず，それが未だにあると思い込んでいるがゆえに気付かず見抜けない，あるいは気付きたくないという理由から洞察が得られないことがある。その際には，受動的な洞察の方法[31]が有効である。

受動的な洞察とは，端的に言えば受容であり，特に内的なコンテクストの創造の際に必要となることが多いが，受容は必ずしも自然には実現できない

↘企画における洞察である。当時，犬に関する雑誌はいずれも発行部数が一般の雑誌に比べて極めて少なかったという。それは，犬種別に細分された市場に対し，犬種ごとの食事，訓練，健康等に関する情報を提供する内容だったからである。「いぬのきもち」の創刊にあたっては，その限界を超えて愛犬家に横断的に読まれる内容を志向して，愛犬家であれば犬種によらず，犬と気持ちの交流を図りたいはずである，というところから「犬の気持ち」を知る，考えるというコンテクストを洞察したという。そして現在同誌は，従来のペット雑誌になかった発行部数となっている（14万部，(社) 日本雑誌協会, http://www.j-magazine.or.jp/data_001/main_a.html#top, 2011年8月20日取得)。

30 明示・意図的な場合はもちろん，暗黙・非意図的な前提や想定も極力その対象とする。

31 Gerald M. Weinberg（1985, pp. 153-166, 邦訳, 165-179頁）参照。

行為である。何かに抵抗することが、受容を阻害している可能性が高い。そこで、抵抗の対象を認識して意図的に次のステップを踏むことで、受容を実現できることがある。

① まず、自分の苛立ちや困惑、不安定な感情等から自分が何かに抵抗していることを意識する。② 苛立ち、困惑、不安定な感情を生む契機、増幅する契機から抵抗の対象を認識する。それに名前を付ける。③ できるだけ、抵抗するものとの間に過去のしがらみがない他人になる。あるいは、抵抗する対象との関係が、抵抗から中立・好感に変化するように自分の立場を転換する。④ その対象の良いところ、魅力を列挙する。⑤ 列挙した魅力を見つめ、自分の感情を確認する。⑥ もしその対象に対し、受容の感情を持ち得たら、「しがらみのない他人、転換した自分の立場」と「受容する感情を持ち得た魅力」の組み合わせの中からコンテクストを創造できる可能性が存在する。

なお、はじめに抵抗の対象となり、後に受容すべき対象となるものは、拒否したい現実、自らの限界、消費者・利用者からの評価や異議、他部署の判断、自分と立場の異なる人々の判断、混乱、無秩序等であることが多い。

4.3 伏線と観察を契機とする謎解き

コンテクスト創造には、問題意識、体験や学習が伏線となり、一旦それらから離れた場面での観察においてその伏線が媒介となり、瞬間的にコンテクストが創造、理解されるという類型が存在すると考えられる。元々何かを求めている、あるいは、何かを見い出した体験が伏線となり、ある観察において、見えにくいもの・ことの洞察が可能となるのである。典型的には、後述する真セレンディピティ[32]の事例である。

例えば、フレミングがペニシリン発見に至った実験の目的は、細菌培養であり、殺菌を目的として研究をしていたのではない。しかし彼は、遥か以前に唾液中のリゾチームが細菌を殺す力を持ち、かつ人体に無害であることを

32　6章2.1参照。

発見していた。リゾチームは原則として人間に無害な細菌に作用するので，その時点では特段に有用な発見とはみなされなかったが，フレミングは，人体に無害で殺菌効果を持つ物質が存在する可能性を体感していたのだ。また，フレミングは第一次大戦に軍医として従軍し，多くの傷病兵が細菌による感染症で命を落とすのを見ていたので，殺菌作用を持つ物質を求める潜在的動機があったとも言われている。

つまり，フレミングは，「人体に無害で殺菌作用を有する物質を見い出すコンテクスト創造」の伏線を張り，その後，「細菌の培養目的に照らして失敗であるカビが繁殖してしまった培養皿を観察した」ことを契機として，その瞬間に「そのカビがブドウ球菌に作用しているというコンテクスト」を創造したと考えられるのだ。

完全に能動的な洞察でなく，完全に受動的な洞察でもない，つまり自ら伏線をひき，観察を契機に，その瞬間に伏線に基づいたコンテクストを創造するという，能動と受動が渾然一体となった洞察が存在するのである。

4.4 強い制約下での探索による方法

Finke (1992, pp. 65-80, 邦訳, 71-86 頁) は，① 被実験者が単純な図形3点の部品からなる思考的構成（組み立て）を行い，② それをいくつかの利用カテゴリーに当てはめて用途を考える実験を以下の条件で行った。

① に関し，3点の部品の選び方が a) 被験者の任意であるときと，b) 無作為に指定され被験者に自由がない場合。② に関し，利用カテゴリーの選び方が，j) 被験者の任意であるときと，k) 無作為に指定され被験者に自由がない場合である。

a) または b) に対し，j) または k) の四通りの組み合わせがあるが，この中で，最も創造的な部品構成・利用カテゴリー・用途の組み合わせが多く創出されたのは，b) かつ k) の場合であった。つまり，組み合わせるべき部品

と利用カテゴリーの両者について被験者に選択の自由がない場合に，その両者の構成に最も創造的な成果が得られた[33]のである。この研究において，上記の結果は，強い制約が「より深い探索を促すのであろう」と解釈されている。このことは，上記の実験にさらに強い制約を課した次の実験によっても確認されている。

　この実験は，①を行う際には，同時には②を行わず，①で与えられた部品により思考的構成を行ってしまった後に，②を無作為に与えるという実験である。つまり，部品の組み立て，形状を決めてしまった後に，"むりやり"それを利用するカテゴリーを選択の余地なく与えるのである。この実験の結果，創造的，高度に創造的な成果が，先の実験より30％以上高い比率で得られた[34]。この結果について，「先に用途を決められてしまっているがゆえに，形状をより深く探索する必要が生じ，より創造的な発見をもたらしたのであろう」との解釈がなされた。

　いずれにしても，制約が強いことが，より深い探索を呼び覚まし，創造性を高める可能性があることも認識しておくべきであろう。

　以上，コンテクスト創造に関し，特にそれを洞察の一態様と考え，あるいは合わせて創造の探索のプロセスとして見る視点から，現時点で筆者が考える積極的方法論の萌芽を示した。この点に関しては，創造認知論として，あるいは先に示した「価値づくり」，「生活者インサイト」，「機会形成プロセス論」等を初期の重要研究として，今後経営学の分野において，本格的に研究が進められていくべきものと考える。

　本節の内容は，その状況に鑑みつつも，現時点で筆者として，今後の研究

33　この実験は，実際のイノベーションに比べ，構成要素は極めて少数・単純であり，また実験時間も数分程度と短く，かつ個人の創造性を見るもので，組織活動を対象としていない。したがって，この結果がそのまま本書で対象とするイノベーションにも妥当すると考えることはできない。しかし，様々な自由度や捕らわれのなさがイノベーション，特にコンテクスト創造を積極化すると考える本書の盲点・隘路を示すことがあるかも知れず，また，筆者の実感とも符合するところがあるので，これを紹介する。自由度が高ければ高いほどコンテクスト創造が可能となると決めつけること，その一種のこだわりが制約に通ずることを懸念するからでもある。時には，強い制約下で考える"自由"も必要ではないかと考える。

34　実用に足る成果の数は先の実験より少なかった（2/3程度）。

や実践のヒント，あるいは契機として考えられることを述べた[35]ものである。

---
35 本書の中でも最も仮説的な内容にとどまると認識している。

5章
多様性創出とコンテクスト創造の阻害要因

　3,4章でそれぞれ多様性創出,コンテクスト創造の積極的方法論について検討したが,ここでは,それらの阻害要因(消極要因)について検討を行おう。ここで両者の阻害要因を合わせて列挙・検討する理由は,これらの阻害要因が概ね共通するからである。多様性創出を阻害する要因は,組織的,経時的,経営的に組織あるいは組織構成員の認識,思考フレーム,意思決定,行動,判断,評価等を非多様化・均質化することである。これらが均質化すると,組織における多様性の創出が阻害される。一方,コンテクストの創造は,その枠組みに適合し,価値・需要が存在する結合を抽出するためのものであるから,目的は結合の収束であるが,コンテクスト創造自体が均質・画一化することは,結合の収束に値するコンテクストを生成するためには望ましくない。一般的には,多様なコンテクストを想定し得るからこそ,その中に結合の価値・需要を抽出し得るコンテクストを得ることが可能で,それゆえにこその結合の収束なのである。

　したがって,多様性創出とコンテクスト創造を阻害する要因は基本的に共通する。そこで,その共通阻害要因について合わせて検討することにしよう。

1. 組織的要因

　はじめに,組織,あるいは組織構造が包含しやすい性格として存在する,多様性創出とコンテクスト創造の阻害要因について検討しよう。

1.1 組織内同型化と組織間同型化

　組織的な阻害要因として，第一に「組織内同型化」に対する留意が必要である。榊原清則（1995, 6, 251-275頁）は，組織間同型化（organizational isomorphism）[1]の議論を受け，組織内部でも構成員にそれと類似の同型化プレッシャーが働くことを主張し，それを組織内同型化（internal isomorphism）と呼んだ。榊原は日米企業の比較から，日本では米国より相対的に組織間同型化よりも組織内同型化のプレッシャーが強いことを主張する。その理由として，まず日本企業組織の戦後のある時期までの外的要因として，

① 企業規模の急激な拡大のため，次々類似の拠点を増やす必要があったこと
② 主に国内で事業所の集中があり，相互で頻繁なやりとりが容易だったこと

をあげた。

　さらに，組織にとっての外部的要因として，

③ 強力な制度的中心としての本社の存在
④ 技能や職能，個人に基づくよりも部門横断的な「会社中心主義の存在」

をあげている。

　その上で，榊原は，こうした要因に基づく組織内同型化が，「戦後日本企業が，製品イノベーション[2]を目指すよりもインクメンタル・イノベーションを中心とした大量生産及びその開発」に適したのだとするファイナン／フライ（1994, 139-171頁）の「エンジニアリング・カルチャー」論を援用し，戦後のある時期までの独特の競争優位につながったことを説明する。そして，「組織内同型化の超克を通じた新たな技術力構築はいかにして可能か」へと議論を進める。

　筆者は，榊原の援用したエンジニアリング・カルチャー論に基づく，すなわち成功体験の大きさからの脱却の困難さを主な要因として，日本企業にお

1　違う遺伝子から似た外観が発生すること（p.6）。
2　本書の定義における非連続的イノベーションを含むことの多いイノベーション。

いては，組織内同型化が，多様性創出とコンテクスト創造の阻害要因になっていることが多いと認識する。

なお，組織間同型化は，企業競争上，差別化されることを強く危惧するあまり他組織，特に競合組織と同型化，すなわち同一・類似であろうとする同型化圧力が働くことであるが，筆者は，日本企業において，組織間同型化が作用することももちろん多く，それが多様性創出とコンテクスト創造を阻害することも多いと考える。ただし，近年競争戦略における差別化戦略が重視されてきたこと及び企業活動において，顧客に近い領域ほど組織間同型化の弊害が見えやすいことから，組織間同型化の問題は，特に研究開発の上流での活動を除けば，組織内同型化よりもその影響が軽微であると認識する。

1.2 同調圧力

次に，多様性創出とコンテクスト創造を阻害するものとして，集団的意思決定における同調圧力（conformity pressure）について認識しておく必要があろう。印南一路（1997，287-289頁）は，集団内の大勢がある意見や態度を認めていると，他のメンバーにそれに同調しなければならないような圧力が働くことを実験に基づき指摘している。その類型は，① 他者からの情報を自分の判断の根拠に受け入れ自分の意見を換える「私的同調」，② 他者の期待や反応を慮って表面的に同調する「公的同調」であるとする。前者は，本人が本当にそれが妥当だと思っている態様であり，後者は，本人が本心ではそうではないと思いながら，同調を装っている態様である。両者とも結果においては，特に非連続的イノベーションに随伴する不確実性の下での組織内の活動としての，多様性創出とコンテクスト創造の阻害要因になると考えられる。

以上の組織的な要因は，個別のイノベーションに限らず，そもそも組織全体や組織内の個人の一般的活動においても活動主体の多様性を阻害するものである。さらには，特に採用・配置・評価・処遇という重要な人事施策を通じて，組織全体の活動や文化の多様性を阻害し，多様性創出とコンテクスト創造の構造的阻害要因となろう。

1.3　組織の谷間

さらに近年，多様性の創出，コンテクスト創造を阻害している組織的要因として，事業部制の徹底や分社・カンパニー化に留意する必要があろう。

事業部制，分社・カンパニー化は，異なる事業はその専門性に関わるマネジメントに委ねるものであり，専門的経営者がその必要な多様性を認識していれば，その事業の範囲内では，多様性創出とコンテクスト創造を支援する制度として機能し得よう。

しかし，仮にそうした専門的経営が行われたとしても，事業部制，分社・カンパニー化は，企業あるいは持株会社全体として，多様性創出とコンテクスト創造を阻害する恐れがある。それは，それぞれの事業部，分社・カンパニーの専門性の谷間に該当する多様性やコンテクストの受け皿がなくなってしまう可能性が存在するからである。

特に，後述するように，短期業績・効率志向が強まると事業部や分社・カンパニーはその中心方向に事業を絞り込もうとする傾向が強まり，専門性の谷間が拡大，すなわち，受け皿のない範囲が拡大する恐れがある。

真に革新的なアイデアは，その収まるべき領域がそもそも不明確であることが多いことを考えると，この隘路は重要な機会損失を招くこともあり得よう。

この可能性を大変早期に認識し，しかも組織的に対処していた事例を見ることができる。

元ソニー執行役員上席常務の蓑宮武夫（2010, 155-158頁）は，1985～86年に同社がはじめて事業本部制を採ろうとした際，当時社長であった盛田昭夫が相当悩んだことを回顧している。盛田は年1回のインターナショナル会議で「事業部と事業部の間の商品開発をいかにするのか」と質問・心配したという。その結果，商品本部という，組織の谷間に落ちるかも知れない事業の「駆け込み寺」組織が誕生したのである。その商品本部は，スタッフ組織であり，実働にあたっては案件が持ち込まれる度に担当（実働）者を社内公募する等，運営には苦労し，またそうした未知の案件の成功確率はそもそも低いため，大きな困難が存在したという。しかし，盛田自身の持ち込み

案件も多く，事業部の手にあまったテーマが深堀りされるなど，この組織は，当時のソニーのイノベーティブな性格に重要な役割を果たしたようである。例えば，画質にこだわるかどうかで苦吟していた 8mm ビデオカメラを，画質ではなく小型軽量というコンテクストでの勝負にして，パスポートサイズの CCD-TR55 とするなどの画期的ヒット商品を生みだしたのである。

2. 過去・沿革による要因

多様性創出とコンテクスト創造を共通して阻害する可能性のある，もう一つの類型は，過去・沿革，あるいは過去の自分やステークホルダーに対する拘泥である。

2.1 NIH, NOO

NIH（Not Invented Here）症候群（Katz & Allen, 1982）とは，「安定して構成され続けてきたプロジェクトグループが，その専門領域の知識は独占していると考えたり，外部で生まれた新しいアイデアを拒否しようとする結果，その成果を低下させてしまう傾向」のことである。本書の考え方では，結合を実現し，そこに需要が存在することが重要なのであるから，結合の実現がオリジナルなものでなくても，価値の抽出がオリジナルであれば，イノベーションとして高く評価することもあり得る。逆に結合の実現がオリジナルであり，価値の抽出がオリジナルでなくてもイノベーションとして高い価値があることもある。しかし，NIH 症候群に罹ると何から何までオリジナルでなければいけないという，時には不可能に近い目標を目指す恐れがある。

NOO（Not Original Objection）症候群とは，NIH と対になる概念として筆者が提示するもので，イノベーションのプロセスにおいて，有効な多様性による「実現」や，有意味なコンテクストにおける「価値」を，それが最初に求めていたものと異なるとの理由で，意図的にあるいは条件反射的に排除することを言う。つまり，せっかくの機会である偶発的な多様性創出や想定外のコンテクスト創造を活かせなくなるのだ。

NIH も NOO も過去・沿革に拘泥することにより，時に大きなイノベーションの機会を喪失する要因となる。特にセレンディピティに関する機会損失としてこのような事例を多く見い出すことが可能であろう。

2.2　同一化

　同一化とは，「一部の人々が自分の生みだしたものと自己同一化し，そうすることによって，こうした物自体から満足感を得たと思い込み，その物の利用法や欠陥についてじっくり考えることをしなくなること」である (Robert Burgelman et al., 2003, p. 439, 邦訳（上），480頁）。

　これは，広義の問題意識の停止，思考停止を生む要因であるが，特に，結合とコンテクストの関係を更新することを困難にする。特に内的コンテクストの更新，創造を阻害する要因として留意しておく必要がある。その物が大切なのか，あるいは事業や企業が存在して価値を提供することが大切なのか，心を白紙に戻して考えなければならない。

2.3　イノベーションのジレンマ

　4章1.5に示したようにイノベーションのジレンマとは，有力先行企業が，その観点からすれば，取るにたらない低価格の小さな市場の新顧客にしか評価されない新技術・新パッケージを軽視することにより，その小さな市場が成長し，やがて既存市場の多くをも代替し，有力先行企業がその座から滑り落ちること[3]である。

　本書のモデルに関して説明すれば，多様性創出において，上述の意味での新技術・新パッケージを軽視する危険性，コンテクスト創造において，上述の意味での小さな市場の新顧客を軽視する危険性が存在するのである。

3　Christensen (1997, pp. 15-32, 邦訳, 41-58頁)。

3. 短期的業績志向の要因

　前述の組織的要因と過去・沿革による要因は，組織の本質的性質（nature）と呼ぶべきものであり，経営の意図による結果ではないが，現下の日本企業においては，経営の意図により多様性の創出が阻害されている，との指摘も多くあり，筆者もその論に賛同する。

　その原因は，国内の長期不況やグローバル競争の激化から，日本企業がいわゆる効率経営を目指し，多様性よりは均質性，効果よりは効率，長期的開発よりは短期的収益にその志向を偏らせているからである。

　かつて日本企業で画期的なイノベーションを成し遂げたイノベーターらが，この問題を指摘している。

　日本語ワープロ開発のプロジェクトリーダーで元東芝常務の森健一は，「（前略）2005年になりようやく，V字回復の目途が付けられるようになって来た。その時になって企業経営者が自分の会社の経営状態をよく調べてみると，その利益の大半はバブル期以前から続けている中核事業が担っていることを知り，愕然たる思いがした。（中略）次の新規中核事業の開拓を怠って来た。」と語っている（伊丹敬之・森健一，2006，174頁）。利益の大半が相当以前に端を発する事業によるものであり，新規中核事業の開拓を怠った結果であると指摘されており，本書でいう多様性創出の不足に重なる内容を示されていると理解できよう。

　一世を風靡したソニーのワークステーションNEWSや愛玩ロボットアイボの開発リーダーであった元ソニー上席常務の土井利忠，筆名天外伺朗（2007，pp. 146-154）は，全社・事業部の短期的業績を重視し，そのためにいわゆる成果主義的な評価制度を導入したことが，ソニーの危機を招いたとする。その論拠の第一は，成果主義が社員の内的動機付けを阻害するということであるが，同氏は従来のソニーでのイノベーションにあたり，特に活躍したのは内発的に動機付けられた「不良社員」（天外伺朗，1988，27-38頁）らであったという。

土井はまた、トップダウンの命令に忠実な外発的動機付けに依存しようとする組織は、「良い子全員がボールに殺到してしまう小学生のサッカーと同じだ」という。つまり、ソニーにおいてイノベーションが起こしにくくなった理由の一つを、本書でいう「結合主体の多様性と結合の多様性の喪失」と指摘していると考えて良いだろう。

さらに、4章で検討した石井正道（2010, 9頁）は、同氏が2003～2008年に非連続的イノベーションの関係者にインタビューした際の体験として、「彼らの多くが、現在は効率性が重視されて以前のような自由度の高い環境がなくなってしまい、新しいことを試みるのが難しくなってきていることを指摘している」、と記している。

上記は、いずれも近時の効率経営が多様性の創出の阻害要因になっていることを示している。しかし、筆者も現下の状況において、簡単に多様性（冗長性と試行錯誤）の創出を許容する経営を行うべきであると言うつもりはない。まず、生き残るための効率が求められることは当然である。しかし、生き残りを確保した直後に、効率と同時に必要な多様性の創出を志向すべきであることを強調しておきたい。

以上見たように、組織の本能とも言える均質化要因、近時の効率経営、事業別組織の徹底等、多様性の創出を阻害する要因は、現在、日本企業内に蔓延している可能性があり、イノベーションの活性化のためには、経営トップやミドルマネージャーによるそれらの発見、摘出、排除の継続的努力が求められる。

6章
多様性の創出とコンテクスト創造に基づくイノベーション

1. 本研究における創発プロセスの構造

1.1 多様性の創出

　本研究のモデルにおける第一の創発プロセスは，多様性の創出である。3章で述べたように，結果として多様な結合が創出されるために，試行錯誤と学習，結合主体の多様性と結合主体の活動の多様性がそれぞれ意義を持つ。

　ここでは，その多様性の創出に，意図的な活動に加え，「偶発的」な要因が関与することがあることを確認しておきたい。後に，事例の記述で詳しく見るが，20世紀最大の発明にして最大級のイノベーションであると言えるトランジスターは，企図した構造（結合）にその目的とする作用を見い出したのではなく，様々な論理仮説に基づく執拗な試行錯誤の末，偶然も関与し生まれた，企図とは異なる構造にその目的とする作用を見い出したのである。多様な論理仮説，多様な人材（理論屋・実験屋），多様な活動（試行錯誤）という意図的活動抜きには生まれ得なかったが，目的を達する結合は偶然，偶発的に生じたのである。

1.2 コンテクストの創造

　本研究のモデルにおける第二の創発プロセスは，コンテクストの創造である。4章に示したように，本書で研究対象とするイノベーションにおいては，価値の抽出・評価を，マニュアル，あるいは固定的アルゴリズムによることはできない。多くの場合，価値の評価基準，さらには，遡って評価基準が意

味を有するコンテクストが創造されなければならないのである。価値の評価基準，結合がおかれるコンテクストへと順次高次のメタ・イノベーションがなされるのであり，これはマニュアル，固定的アルゴリズムに基づかない活動，すなわちヒューリスティックな創造活動である。

　このコンテクストの創造においても，意図的な活動に加え，「想定外」の要因が重要な役割を果たすことがあることを確認しておこう。イノベーションを認知する際に同時に想定外のコンテクストを見い出す，つまり，イノベーションが見い出されるまでは，そのおかれるべきコンテクスト，極めて単純には利用者や利用目的すら，妥当に想定されていないということがあるのだ。後に詳しく見るが，ペニシリン（抗生物質）発見のイノベーションにおいて，フレミングは，細菌を死滅させるというコンテクストを想定して，カビの抗生効果を見い出したのではない。細菌の死滅とは逆に細菌培養を目的としていた実験において，カビの近傍の細菌の増殖が抑制されていることを見い出したのである。別の目的とは言え，フレミングが強い動機を持って熱心に活動（実験）していたこと，及びフレミングが結合の認知と同時にコンテクストを創造（察知）したこと，想定外のコンテクストを見逃さなかったことは極めて重要であるが，それは，元々求めていたコンテクストではなかったのである。

1.3　偶発性，想定外に関する峻別の困難と渾然性

　以上に示した，「偶発的であるか否か，想定外であるか否か」は，少なくとも事後に外部から観察した場合に確定的に判断できるとは限らない。

　その要因は大きく三つある。

　第一には，どの主体にとっての判断であるかによるからである。ある組織にとっては，意図的な多様性ではなく，偶発的に現れた多様性を活用したイノベーションであっても組織内の個人にとっては，意図した通りの多様性が意図した通りに活用されていた，という事例もある。ウォークマンはそれを事業として世に送りだすことに成功した盛田昭夫らにとっては偶発的に遭遇した多様性であるが，元々それを生みだした一研究者にとっては，事業化

を意図しないが，逆にそれだからこそ可能であった意図的な多様性としてのパーソナルテーププレーヤーであったのである。この場合から学ぶべきことは，偶発的か否かをどの主体から判断すべきかではなく，いずれかの主体から見て「偶発的」と認識される，意味ある多様性が見捨てられず，それを活かせるマネジメントが重要であることだろう。

　第二には，事後，外部からの観察においては，いずれかが判断不能，両者の解釈が可能となる場合も多いからである。意図的コンテクスト創造であったというシナリオも描け，想定外のコンテクスト創造であったというシナリオが描けるということもある[1]。事後，外部からの観察に基づく判断の限界である。

　第三には，想定と想定外が混在していることがあるからである。企業活動全般の高度化（確実性の高いことは多くの企業で対応可能・解決済み）と社会の複雑化（グローバル化や業界のボーダレス化等）による不確実性の増加により，企業活動を計画・想定通りに貫徹することが困難なため，ある部分までは想定したコンテクストであり，ある部分は市場との相互作用等を通じて想定外に生まれたコンテクストであるということも多くなっている[2]。ここから示唆されることは，「仮説としての計画立案及びその実行」と「洞察力に基づく偶発・想定外の受容」の両立の重要性であろう。

1.4　多様性の創出とコンテクストの創造の相互作用・双方向性

　2章1.2，2.2に示したように，本研究の論理モデルにおける多様性創出とコンテクスト創造のプロセスは双方向性を有する。ここでその意味を詳細に吟味しておこう。

　① まず，多様性創出からコンテクスト創造へのプロセスは，多様性に

1　石井正道（2010，21頁）の『非連続イノベーションの戦略的マネジメント』に，ホンダの米国小型バイク市場進出が，ボストンコンサルティンググループによれば，本書でいう極めて意図的なコンテクスト創造とされ，リチャード・パスカルによれば，同じく想定外のコンテクストの受容であるとされる事例が紹介されている。

2　同前，27頁において，1970〜1990年代の環境変化の中で，石油メジャーの戦略立案が計画と創発の融合した「計画的な創発プロセス（planned emergence）」に変化した例が紹介されている。

よって実現可能となった結合がコンテクスト創造によって価値を抽出されるプロセスである。このプロセスを単一方向に一回で通過し，完成するイノベーションは極めて稀だが，そうであれば，そこでイノベーションが成立する。

② 多くのイノベーションのプロセスは，前述のプロセスでは成立せず，大別して次の二類型の双方向性を経て，はじめてイノベーションが成立することになる。

　第一に，ある結合に対してコンテクストが創造されるが，結合に一定の変容が必要となる類型である。この場合には，再度，多様性創出のプロセスに戻り，創造されたコンテクストにおける評価基準に合致すべく結合の調整が行われる。そして，創造されたコンテクストによって，結合が再度評価されることにより，イノベーションが成立し得る。

　第二に，ある結合に対してコンテクスト創造がなされ得ず，多様性創出のプロセスに戻る類型がある。この場合には，コンテクストの創造が可能な新たな結合に向けて，新たな多様性の創出が継続されることになる。

　なお，このプロセスの中で当初の想定とは異なるコンテクストが創造され，それによりイノベーションが成立することも多い（コンテクストの再創造）。

③ 本研究のモデルに対して逆方向から創起する，コンテクストの創造が出発点となるイノベーション類型が存在する。この類型も大きくは，二類型に大別して理解することが妥当であろう。

　第一に，需要志向，いわゆるマーケットインと呼ばれる類型であり，利用者がある結合を必要とするコンテクストを想定し，それに合わせて結合の実現を行うタイプのイノベーションである。ただし，もしこのタイプのイノベーションにおいて，結合の実現がほぼ計画通りに実行されるとすれば，本書で対象とする非連続的イノベーションではなく，連続的な用途開発やローカライズ等の製品展開，改良の範疇に入ることになろう。

第二に，極めて野心的な，将来のコンテクストを想定し，それを満たす結合の実現のために大きなエネルギーが投入される，画期的なイノベーション類型が存在する。この場合，コンテクストが野心的将来的であれば，その実現は相当困難であることが多く偶発的な多様性をも待ってはじめて結合が実現できることも多い。これが擬セレンディピティ[3]である。この場合には，当初の企画・仮説から導かれるコンテクストがまず大目標として存在し，その目標を目指して大きな実現の不確実性が克服され，丁度本研究のモデルに対して逆方向に進捗するようにイノベーションが実現される。

　なお，この類型においても，逆の単一方向に一回でイノベーションが成立するとは限らず，実現された結合を受けてさらにコンテクストが創造・修正され，価値評価基準が調整されるといった双方向性を経てイノベーションが成立することも多い。

2. 本研究の創発プロセスによるイノベーションの類型化

　以上の議論を踏まえて，多様性の創出における意図的革新と偶発的革新，コンテクスト創造における意図的革新と想定外革新を二軸としてイノベーションを類型化し，各類型の特徴を明らかにして，イノベーションの構造を理解し，イノベーションの実現を促進することが可能となる。

2.1　コンテクスト創造が想定外の革新によってなされるイノベーション

　この類型は，コンテクストが意図によらず想定外の革新で創出される類型である。この類型では目的とするコンテクストが想定外なのであるから，それに向けての多様性も結果的に得られる結合を目指して意図的に創出されるものではない。すなわち，何か別の目的を志向して活動する中で，新たなコンテクスト（価値）と多様性（実現）を同時に発見する，というイノベーショ

---

[3] 本章2.2参照。

ン類型である（図中①）。

　偶然・幸運が大きく作用して得られるイノベーションをセレンディピティということは既に述べた通りであるが，この類型は，コンテクスト（価値）と多様性（実現）の両者に偶然・幸運が作用するセレンディピティであり，これを特に「真セレンディピティ」と呼ぶ（丹羽清，2006，199頁）。当初思ってもいなかったものを発見・創造するイノベーションである。ペニシリン（フレミング）や導電性ポリマー等がこの類型の代表的事例である。

　科学の根本に関わるような新分野の発見に相当するイノベーションは，真セレンディピティの類型であることが多い。その典型例が，万有引力の発見（ニュートン），X線の発見（レントゲン）等である。このことについては，Shapiro (1986, pp. vii-viii, 邦訳, iv頁) が，「ある種の発見はセレンディピティのみによってなされる」と論じている。すなわち，ある発見が全く新しい分野に属するものならば，その発見者は新分野の専門家であるはずはなく，既存の別の分野の専門家が別のものを探して，それを発見したに違いないとする。

　真セレンディピティは，その定義により意図的に実行できるイノベーションではないが，それに近づくことと，それに遭遇した際にそれに気付く可能性を高めることは可能と考えられる。3章2.に示した「多様性の創出方法」と4章4.に示した「コンテクスト創造の方法論」，及び5章に示した「多様性創出とコンテクスト創造の阻害要因」がそのポイントになる[4]と考える。

2.2　コンテクスト創造が意図的な革新によってなされるイノベーション

　この類型はイノベーションにおけるコンテクストの創造が意図的な革新により想定通りになされる類型である。

　この類型は，さらに，多様性の創出が偶発的になされる類型と意図的になされる類型に分類できるが，偶発的になされる場合の一つに「擬セレンディピティ」と呼ばれる類型がある（②-1）。これは，意図的なコンテクスト創

---

[4] 8章1.4(2)の①②も参照のこと。

造に基づきその実現方法を模索する中で，偶然・幸運も作用して必要な多様性（実現方法）を見い出すイノベーションである。この類型の代表事例はトランジスター（ショックレーら），高分子質量測定法（田中耕一），エサキダイオード（江崎玲於奈），ダイナマイト（ノーベル）等であり，科学・工学の世界で極めて大きな成果をあげている。この類型が実現するためには偶然・幸運が作用しているが，偶然・幸運を呼ぶとも言い得る必要条件に近い一般的な条件が存在しているとも考えられる。この点についてのポイントも真セレンディピティの場合と類似するところが多い。

擬セレンディピティ以外のコンテクスト創造が意図的な革新によってなされるイノベーションには，製品・事業等のイノベーションが多様に含まれるが，いずれの類型においてもコンテクストのイノベーションが重要な役割を

図6-1　多様性創出とコンテクスト創造によるイノベーション事例類型

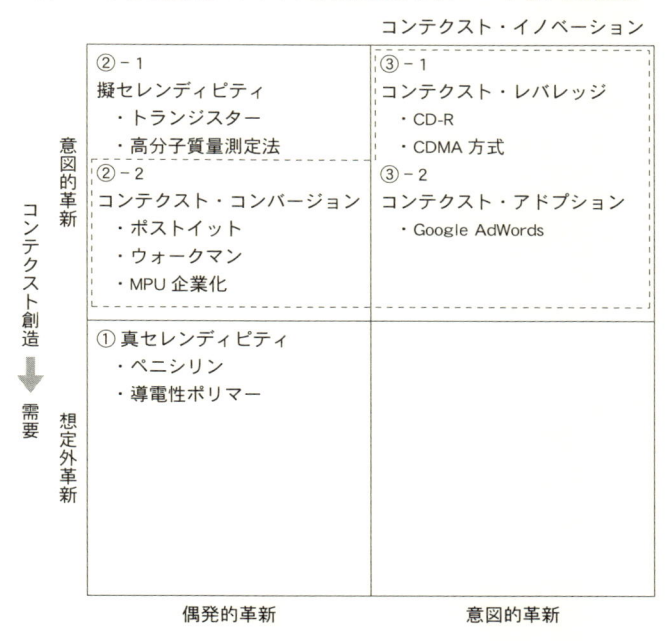

	偶発的革新	意図的革新
コンテクスト・イノベーション（意図的革新）	②-1 擬セレンディピティ ・トランジスター ・高分子質量測定法 ②-2 コンテクスト・コンバージョン ・ポストイット ・ウォークマン ・MPU企業化	③-1 コンテクスト・レバレッジ ・CD-R ・CDMA方式 ③-2 コンテクスト・アドプション ・Google AdWords
コンテクスト創造↓**需要**（想定外革新）	① 真セレンディピティ ・ペニシリン ・導電性ポリマー	

実現 ← 多様性創出

出所：筆者作成。

果たしていることから，それらをまとめて「コンテクスト・イノベーション」と呼ぶ。その上で，イノベーションにおけるコンテクスト創造の作用に応じて，コンテクスト・イノベーションを3類型に分けて理解していこう。

第一の類型が，偶発的な実現を受けて，コンテクストを創造・転換するところにイノベーションの中核がある類型であり，これをコンテクスト・コンバージョンと称する（②-2）。失敗により生みだされた結合（技術シーズ）に思わぬ用途のコンテクストを創造することで生みだされたポストイット（3M），若手技術者の遊び心から生みだされた偶発的な結合に対し，その利用コンテクストを経営者らが創造し得たことにより生みだされたウォークマン（ソニー），実態として MPU を中核事業とする企業になりつつあった自社（事業の結合体）に関し，その実態通りに自己認識するコンテクストを獲得することによって実現した MPU 企業化（インテル）がこの類型のイノベーションである。

第二の類型が，コンテクストの創造・変更を一種の梃子として，多様性創出による実現とコンテクスト創造による価値抽出が相互作用しているところにイノベーションの中核がある類型であり，これをコンテクスト・レバレッジと称する（③-1）。より需要が見込まれるコンテクストを創造し，その際高まる実現（技術）の困難を乗り越えた CD-R，一旦消失したコンテクストから転換して別の市場をコンテクストとして創造し，そこに発生する実現（技術）の困難を乗り越えた携帯電話の CDMA 方式等がこの類型のイノベーションである。

第三の類型が，コンテクストを創造した上で，そのコンテクスト（外部環境）の一部を結合に取り込むことにイノベーションの中核がある類型であり，これをコンテクスト・アドプションと称する（③-2）。中核機器としての結合に，創造したコンテクストからコンテンツ，サービス，課金方法等を取り込んでいくいわゆるビジネスモデルイノベーション，検索キーワード連動型広告である Google AdWords 事業がこの類型のイノベーションの典型的事例である。

それでは，次章において，上記の類型化に基づいて，本書の分析フレーム，

すなわち実態モデルと論理モデルを用いて，イノベーション事例を解析・記述し，本書のモデルの記述力を確認すると同時に，本書の分析フレームによるイノベーションの理解をもう一段具体化することにしたい。

7章
多様性創出とコンテクスト創造によるイノベーション事例の記述

1. 記述の視点

1.1 時系列記述

　はじめに，各事例に関して，時系列でのイノベーション経過を記述する。イノベーションのプロセスを網羅的に把握し，イノベーションに着手された動機や経緯，事実と結果及びその因果を理解するためである。そのプロセスの中で，本書の実態モデルである「知識蓄積―結合―価値抽出」がどのようになされているか，またその結合のプロセスに関わる実現の不確実性と価値抽出のプロセスに関わる需要の不確実性の性格・内容も把握，記述する。

1.2 本書モデル固有の視点とイノベーションダイヤグラム

　続いて，各事例について，本書の論理モデル固有の視点である「実現と需要の不確実性を多様性創出とコンテクスト創造によりいかに克服したか」に焦点を絞って再記述する。

　本書の論理モデル固有の視点でのイノベーションの理解を，直感的に可能とするため，イノベーションのプロセスをイノベーションダイヤグラム，つまり横軸を「実現の不確実性の遷移」，縦軸を「需要の不確実性の遷移」とするダイヤグラムに位置付け，遷移の順序，方法，程度を分析，記述する。

　典型的には，右上，すなわち，実現の不確実性と需要の不確実性の両者が高い領域からイノベーションが志向・開始され，なんらかの方法・順序により，その不確実性が克服され，それぞれの不確実性が一定の程度以下になっ

1. 記述の視点　99

図7-1　イノベーションダイヤグラムによる記述（典型例）

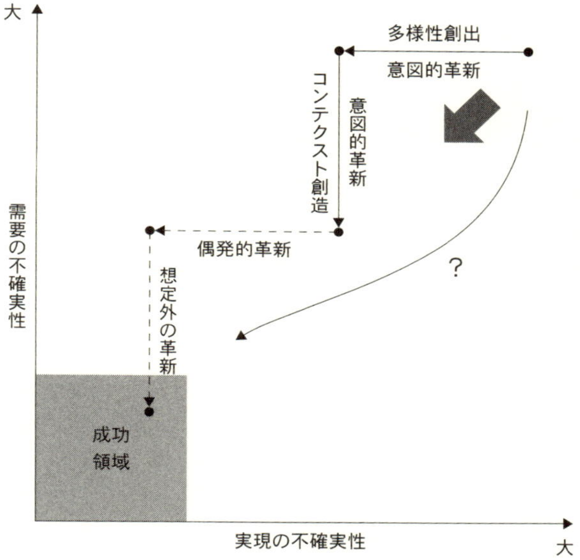

出所：筆者作成。

た際にイノベーションが成功する。本書の論理モデルにそって考えれば，実現の不確実性は多様性創出によって克服され，需要の不確実性はコンテクスト創造によって克服される。また，既述のように，非連続的イノベーションにおいては，多様性創出やコンテクスト創造は，必ずしも意図的革新として生起するとは限らず，偶発的[1]な革新として生起することも多い。

　もとよりこのダイヤグラムの二軸は客観的な定量性を持つものではないが，多様性創出とコンテクスト創造がどのような順序でどのように実現されたかを理解し，それにより実現と需要の不確実性がいかに克服されてイノベーションが成就したかを直感的に理解することができると考える。

　このダイヤグラムに位置付けてイノベーションのプロセスを見ることで，時間軸上（一次元）においてイノベーションを観察・記述することに比べ，

---

1 「意図していた通りではない」という意味であり，理論的な理解・解析，合理的・計画的な行動仮説，試行錯誤プロセスにおける学習がない，という意味ではない。

100　7章　多様性創出とコンテクスト創造によるイノベーション事例の記述

図7-2　イノベーションダイヤグラムによるイノベーションの類型化

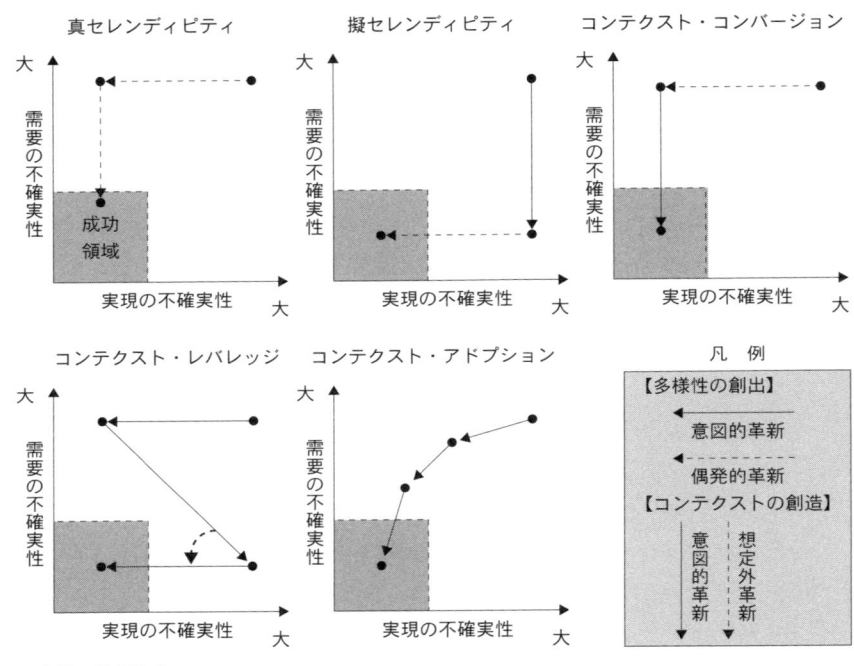

真セレンディピティ　　擬セレンディピティ　　コンテクスト・コンバージョン

コンテクスト・レバレッジ　　コンテクスト・アドプション　　凡　例

【多様性の創出】
意図的革新
偶発的革新
【コンテクストの創造】
意図的革新
想定外革新

出所：筆者作成。

イノベーションにおける不確実性の克服プロセスの契機，順序・因果の意味や必然性・偶然性，プロセスのつながりを明瞭に読み取ることが可能である。

　以上に示した，イノベーションダイヤグラムの特長に則って，イノベーションのプロセスを類型的に理解することが可能である。組み合わせの数としては，より多数の類型化が可能であるが，後述するイノベーション事例を念頭に，先行して，6章2.に示したイノベーション類型を確認しよう。

　第一の類型は，実現の不確実性の克服と需要の不確実性の克服がいずれも偶発的な多様性創出とコンテクスト創造により，連続して，あるいはほぼ同時に実現する場合である。前述した通り，目的としていなかった需要を，想定していなかった方法で実現することによるイノベーションであることか

1. 記述の視点　101

ら，純粋なセレンディピティという意味で真セレンディピティと呼ばれる類型である。後述するペニシリンと導電性ポリマーがこの類型に該当する。

　第二の類型は，極めて強い目的意識に基づき，ほぼ間違いなく存在する需要を目指して実現を達成しようとしながら，偶発的な，想定していなかった方法によって，目的とするものを実現する場合である。目的は想定通りであるが，実現方法が想定通りではない，という意味で，擬セレンディピティと呼ばれる類型である。多くの極めて高度な技術進歩のイノベーションがこの類型で実現されていることを見ることができる。後述するトランジスターと高分子測定法がこの類型に該当する。

　第三の類型は，偶発的に実現された結合（モノ・コト）に関して，意図的なコンテクスト創造活動によりその需要を見い出す場合である。必ずしも技術的に高度な革新による実現ではない場合も多いが，その需要の新規性や大きさによって，多大なインパクトを持つことのある類型である。後述するウォークマンとポストイットの製品創造イノベーションがこの類型に該当する。加えて，後述するインテルのMPU企業化も，実態として経営者の認識に先行してMPUに事業の重点を移していた実態（コト）を経営者が実態通りに認識し，その価値を正当に評価することによって実現・推進された企業全体のイノベーションであるという意味から，この類型に該当すると考えられる。

　なお，この類型は，想定外の多様性創出による実現と意図的なコンテクスト創造による需要の確保の組み合わせという点では，擬セレンディピティと共通するため，従来は擬セレンディピティと呼ばれてきたこともある。しかし，その実現と需要の順序が第二の類型で示した場合とは逆であること，及び多くの場合に技術革新の持つ重要性に大きな差があることから，ここに示すように擬セレンディピティとは別の類型と考えることに意味があるものと考える。本書では，コンテクストの創造・転換がこのイノベーションの核心であることからこの類型をコンテクスト・コンバージョンと呼んでいる。

　第四の類型は，まず実現の不確実性が低減するが，需要の不確実を低減するために，一旦実現の不確実性を高め，そこで高まった実現の不確実性を技

術開発等により克服する場合である。結合が実現できても需要が確保できなければ，本書でのイノベーションとはならないことから，需要確保のためにあえて，実現（技術）困難を受け入れるのである。日本企業はその目標が明確である場合に，技術による実現の不確実性の克服を得意とすることも多いことから，この場合を念頭におきつつイノベーションの実現にあたることが有効であると考える。コンテクスト創造を挺子にして，技術力を活かしていることから，本書ではこの場合をコンテクスト・レバレッジと呼ぶ。後述するCD-RとCDMAのイノベーションがこの類型に該当する。

　第五の類型は，需要を確保するために有効なコンテクストを結合に取り込んでいくことにより，需要の不確実性を低減すると同時に実現の不確実性を低減していく場合である。近時，いわゆるビジネスモデル確立のためにこの類型が有効なイノベーションとなることがある。コンテクストを結合に取り込んで実現するイノベーションであることから，本書ではこの場合をコンテクスト・アドプションと呼ぶ。従来，日本企業が必ずしも得意としなかった類型であり，今後この類型を念頭におきながら収益確保のためのイノベーションを実現することが有効となると考える。後述するGoogleのAdWordsがこの類型の典型事例である。

2. 真セレンディピティ

2.1　ペニシリン[2]

(1) 時系列記述

　ロンドンの聖メアリーズ病院の接種部門に勤務するアレクサンダー・フレミング博士（細菌学者）は，1928年夏休み前にブドウ球菌のある変異菌における色彩の変化に関する論文に興味を持ち，それを追実験しようと培養皿を整え，菌株をまいた。そして，夏休みの間，休暇中のフレミングに代わりその実験室を他の研究者が使うため，彼の培養皿のいくつかは，日陰の片隅

---

[2] Shapiro (1986, pp.40-58, 邦訳, 45-66頁)。

2. 真セレンディピティ　103

に積み重ねられた。1928年9月ロンドンに戻ったフレミングは，実験台の掃除にとりかかり，古くなった培養皿を調べ，ほとんどを捨てた。ロンドンでは暑さが続き，いくつかのブドウ球菌は，また成長を始めていた。これで彼が追実験しようとしていた，低温で起こるはずの色彩変化はだめになったかも知れなかった。彼は，培養皿をリゾール（消毒液）に浸そうとした。その時，彼は一旦捨てた培養皿からでたらめに一枚を取りあげた。

　彼が取りあげた皿は，山の一番上のもので浅い容器中のリゾールの液面からはかなり離れたところにあった。その内部の菌はまだ生きているに違いない。しかし，この皿にはカビがはびこっていた。皿の片隅に，奇妙なカビの大きく醜い塊があった。彼は再びそれをリゾールの入れ物に戻そうとした。

　そのときに，この皿の何か異常なことが彼を引き止めた。「これは変だ」と彼はつぶやいた。

　皿の半分には増殖しているブドウ球菌のコロニーがあった。そしてこのコロニーの端はカビの中心からほぼ半径が1インチの円弧状になってその円弧の中にはブドウ球菌の細胞は全く見えなかった。端の方の細胞は，あたかも溶けつつあるかのように見えた。経験を積んだ細菌学者にとっては，ただ一つの結論しかなかった。

　カビが成長している近くの何かが細菌を殺しているのだ。

　実は，かつて一度だけフレミングは同じような現象を見たことがあった。1922年，彼は鼻の粘液がある種の細菌を殺す力を見い出していた。彼はそれをリゾチームと命名した。それは興味深い研究のトピックスとなったが，リゾチームが影響を及ぼす細菌は全て無害な菌だったので，医学に貢献することはなかった。

　1928年のカビのまわりにあるものは，少し違っていた。このカビが襲いかかっていたブドウ球菌は普通には危険ではなかったが，ある種の患者には激しい痛みを引き起こすことがあったので，この新物質でその治療ができるかも知れないと考えたのだ。そして彼はこのカビを試験管に保存した。そして彼はこのカビのことを研究所の同僚に話したが，その話はほとんど同僚の

興味を引かなかった。その理由は，同僚の多くが，それまでに見い出されていた細菌を殺す作用のある物質（消毒液）の多くが人体にも有害であることを知っていたこと，臨床的には細菌に対するワクチン療法が極めて有効だと考えられその研究が盛んに行われていたこと，フレミングが，かつてリゾチームが有望だと主張し過ぎたことなどである。

かようにフレミングは何の励ましも受けなかったがその不思議なカビを追求する決意をかため，カビの専門家である同僚にそのカビは何かと尋ねた。同僚は，それがペニシリウムという属だと教えた。そこでフレミングは，そのカビが作りだしてブドウ球菌を攻撃している化学物質の正確な性質を見い出すのはかなり困難であろうとは考えながらも，まずその殺菌剤を「ペニシリン」と呼ぼうと決めてしまった。彼は，この命名を通じて，自分がイノベーターであることを規定してしまった。

そしてフレミングは，ペニシリンが，最も危険な感染症のリストである猩紅熱，肺炎，淋病，髄膜炎，ジフテリアを引き起こす細菌を殺すことを見い出した。後は，ペニシリンが人体に安全であることを見い出す必要があった。そしてフレミングは，ペニシリンが白血球を殺さず，それが細菌をのみ込む力を低減しないことを顕微鏡による観察で確認した。

・・・これが本書で対象とするイノベーションの前半までの物語である。つまり，ペニシリンが実用化されるためには，この後も相当の時間と大量の研究・開発が必要であった。ペニシリンの場合には，抽出，純化，量産等の実用化までに10年以上の歳月を必要として，1942年第二次大戦の傷病兵の治療においてはじめて実用されたのである。

しかし，本書で対象とする，極めて不確実性の高いプロセスは一応1929年のフレミングの気付きに続く一連の確認で終了したと考えられる。ごく一部の例外的事象[3]を除けば，この後のプロセスは，専門家による比較的確実性の高い（解析に基づく演繹と，その結果に基づく帰納による解析の洗練）

---

3 今日ペニシリンの商業的生産には，フレミングが最初に見い出したカビ，ペニシリウム・ノターツムではなく，1943年にイリノイでも見い出された，より効能のあるペニシリウム・クリソゲナムが用いられている。

研究・開発に委ねられるのである。

　このイノベーションの本質を,「一部のカビが, 細菌の増殖・生存を阻害し, かつ人体に大きな害をなさない化学物質を生みだす」ことを人類が認識したことと把握できる。その認識に基づき, 今日でも多くのカビ由来の抗生作用を持つ物質の探索が続けられ, その結果が人類の健康・生命の維持に大いに貢献している。

(2) 本書モデル固有の視点とイノベーションダイヤグラム

　本書モデル固有の視点である「多様性の創出による実現の不確実性の克服」, 及び「コンテクストの創造による需要の不確実性の克服」がどのように行われたかを記述・確認しよう。

　そのためには, 1928年までのフレミングの人生について確認することが有効である。アレクサンダー・フレミングは1881年8月生まれ[4], ロンドン大学の聖メアリーズ病院医学校に入学し医学を学んだ。

① 軍医としての戦場病院体験

　フレミングは医学を学んだ後, 1914年4月末まで軍医をして過ごした。第一次世界大戦の間, 彼は多くの同僚とともにフランスの戦場病院に勤務した。戦場の死にかけている軍人が罹患するガス壊疽などの恐ろしい感染症と直面した経験により, 戦後, 聖メアリーズ病院医学校に復帰した彼は, 感染症治療を改善する薬剤の探索に情熱を有していたとされる。

② リゾチームの発見

　フレミングは, 1922年抗菌性を有するリゾチームを発見している。リゾチームは動物の唾液や卵白などに含まれている殺菌作用を持つ酵素であるが, これは細菌を塗抹したペトリ皿に, フレミングがクシャミをしたことで発見された。数日後, クシャミの粘液が落ちた場所の細菌のコロニーが破壊されているのを発見したことが, 彼の実験ノートに書きとめられているという。なお, 先に示したようにリゾチームが影響を与える菌は全て人体に無害

4　Wikipedia「アレクサンダー・フレミング」の項参照 (http://ja.wikipedia.org/wiki/アレクサンダー・フレミング, 2011年8月1日取得)。

だったのでそれは臨床的にはすぐには応用がなされなかったが,今日では他の薬品と併用することにより食品添加物として利用されている。

③ 細菌画で遊ぶ

筆者はペニシリンの発見との関係では,フレミングが「細菌画」を作っていたことが重要な役割を果たしていたと考える。細菌画とは,4インチのペトリ皿の中に,細菌を培養して,ロックガーデン,風景,バレリーナ等の絵を描いたものである。色をつける領域を適当な培養液で満たし,そこに最も適した株菌(赤,青,黄,白,ピンク,緑等のコロニーを形成する菌)をまくのである。皿全体を体温の温度で培養すると,全体の光景が皿の底に魔法のように現れるのである。これは,大変困難で忍耐のいる仕事であった。繊細な手と指,そして経験を積んだ細菌学者の技術的知識が必要であり,フレミングはその全てを備えていて,この作画でさらにそれらを磨き上げていたのである。Shapiroは,「フレミング博士は病原菌と遊んでいた」とこの作画を評している。

1) 多様性創出による実現の不確実性の克服

真セレンディピティに類型化されるイノベーションの本質として,フレミングはこのブドウ球菌の培養において,抗生作用を求めていた訳ではない。しかし,「細菌画」で遊ぶことを含め,極めて多様な細菌を極めて多様な態様で培養していたことは間違いないであろう。また,夏休みで自らの研究室を空けるにあたっても,とにかく培養を始めて夏休みに入る,という行動をとったのであり,夏休み明けまで放置することによりその培養が結局無駄になるかも知れない可能性を察知しながらも,細菌の培養に試行錯誤することに飽きなかったのである。つまりフレミングは細菌培養に関して極めて熱心な多様性創出装置(マシーン)であったと言えよう。

さらに当時の研究環境が,まさに巧まざる多様性を生みだしたと言える。まず,現在と違って,不完全な空調管理がカビの侵入を可能とし,不完全な温度管理がカビの繁殖を可能とした。

また,当時の研究環境に人的多様性が高かった,すなわち,現在ほど人的専門分化,機関の専門分化が進んでいなかったこともこのイノベーションを

このタイミング，このような態様で可能とした一つの要因であろう。すなわち，フレミングの研究室の一つ階下に研究室を持っていたカビの専門家が保存していた一つの種の胞子が空中に浮かび，階段を舞い上がり，フレミングの実験室の開けっ放しのドアをくぐって歴史的な培養皿にたどり着いた可能性が高いのである。

　以上のごとく，ペニシリンの発見が真セレンディピティの典型例と言われるのは当然のことであり，そこには多くの偶然が作用しているのであるが，フレミングが「細菌画」に熱中していた，夏休みでもその培養を休もうとしなかったこと等，偶然の作用だけというにはあまりにも人為的な営為との糾いの結果である。

　2）　コンテクスト創造による需要の不確実性の克服

　フレミングは，ペニシリンの発見に至ったブドウ球菌の培養では殺菌効果をコンテクストとして予め想定していた訳ではない。しかし，リゾールに浸そうとした瞬間，その培養皿の一枚に異変が起こっていることに眼をとめ，しばらくの観察の後，その皿に偶然に（一種の失敗として）繁殖してしまったカビがブドウ球菌を攻撃する化学物質を生みだしていることを察知，つまり偶発的な結合，ペニシリウム・ノターツムというカビがブドウ球菌になしている作用から，カビ由来の化学物質を細菌殺菌の場におくというコンテクストを洞察したのである。

　真セレンディピティの本質として，このコンテクスト創出の契機 (momentum)，つまりフレミングがペニシリンの殺菌作用と遭遇したことには，偶然の作用したところも大きい。

　しかし，彼がそれは何か重要な意味を示すものであるかも知れないと気付き，そこに潜在するコンテクストを洞察したこと，その謎解き (charade) にはフレミングのそれまでの経験や興味等の全ての営為が伏線 (foreshadowing) として有意味であるように考えられる。

　その第一は，フレミングが第一次世界大戦に医師として従軍し，戦場病院にて多くの感染症による悲惨な死を目撃し，感染症治療を改善する薬剤の探索を目指していたことである。つまり，フレミングは，ペニシリンのコンテ

クストを意図していた訳ではないが，その背景となる動機を有していた。つまり，彼は，広い意味ではペニシリンを求めていた。

　第二は，臨床的には意味を持たなかったが殺菌作用を有する物質リゾチームを発見していたことである。つまり彼は，こうしたコンテクストに合致する（目的を達する）物質が存在する可能性の認識を他の研究者より高く持っていたと思われる。あと一歩にたどり着いていたフレミングには，他の研究者よりゴールが身近に感じられた[5]可能性がある。だからこそ，廃棄しようとしていた培養皿を今一度拾いあげ，それを観察し，ブドウ球菌が攻撃されている状況に気が付き，そこに何かの因果があると察知した可能性がある。

　第三は，フレミングが細菌画を楽しんでいたことである。これは先に示したように多様性の創出に大きく貢献したと考えられるが，この偶然的契機を捉まえ，コンテクストを創造することにも大いに貢献したと考える。彼は，培養皿を見ること，何かを読み取ることが好きだったのだ。これは決定的な意味を持った可能性がある。義務として見る視力と，見たくて仕方がない視力にはずいぶんな差があろう。また，彼は培養皿の中に高い好奇心を持ち続けていたのだ。つい見てしまう，細菌から何か呼びかけられてしまうような気持ちをフレミングが持っていた可能性が高い。

　3）　イノベーションダイヤグラム

　以上の経緯をイノベーションダイヤグラムに記述すれば，図示の通りである。抗生物質―ペニシリンの発見とは異なる色彩変化確認の目的で始めた細菌の培養実験が，失敗し，そこで創出された多様性により，抗生物質の実現の不確実性が偶発的に克服された。そして細菌画の作成，リゾチームの発見等でその発見に準備万端であったフレミングは，その抗生作用―ブドウ球菌が死滅していたことを見逃さなかった。その瞬間，フレミングは，ペニシリンが用いられるべきコンテクストを創造したのである。カビが細菌の繁殖を阻害する物質を生みだしていることを洞察したのである。

---

[5] もちろん，あと一歩にたどり着いていたがゆえに，その一歩の困難さをも同時に感じていた可能性もある。相反する二つの予感を有していたかも知れない。しかしそれは，どちらの予感も持たないよりもイノベーションに近い状態であったのではないだろうか。

2. 真セレンディピティ　109

図 7-3　ペニシリンのイノベーションダイヤグラム

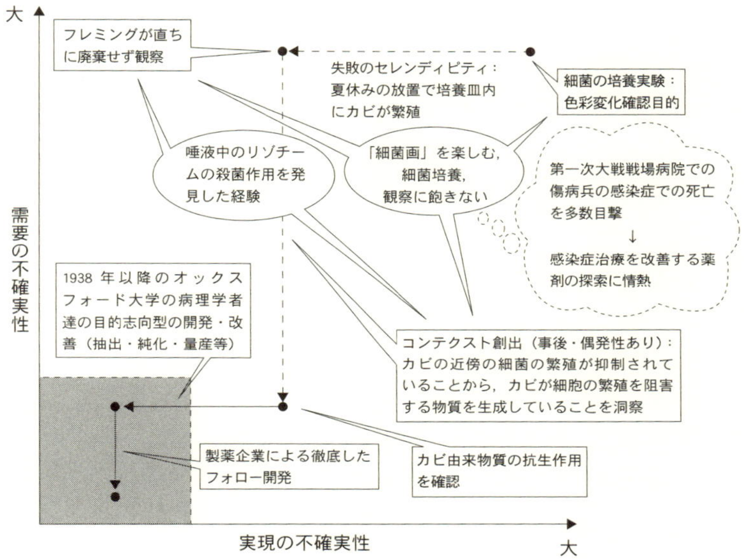

[図：縦軸「需要の不確実性」、横軸「実現の不確実性」のダイヤグラム]

- フレミングが直ちに廃棄せず観察
- 失敗のセレンディピティ：夏休みの放置で培養皿内にカビが繁殖
- 細菌の培養実験：色彩変化確認目的
- 唾液中のリゾチームの殺菌作用を発見した経験
- 「細菌画」を楽しむ，細菌培養，観察に飽きない
- 第一次大戦場病院での傷病兵の感染症での死亡を多数目撃 ↓ 感染症治療を改善する薬剤の探索に情熱
- 1938 年以降のオックスフォード大学の病理学者達の目的志向型の開発・改善（抽出・純化・量産等）
- コンテクスト創出（事後・偶発性あり）：カビの近傍の細菌の繁殖が抑制されていることから，カビが細胞の繁殖を阻害する物質を生成していることを洞察
- 製薬企業による徹底したフォロー開発
- カビ由来物質の抗生作用を確認

出所：筆者作成。

　これは，最も典型的な真セレンディピティ事例である。

2.2　導電性ポリマー[6]

(1)　時系列記述

　1967 年頃，白川英樹の属する研究室に来ていた留学生が，ポリアセチレンの合成を経験したいという目的でポリアセチレンの粉末の合成実験をしようとした際に，モルの単位につくミリが認識されず，本来の 1,000 倍の量の触媒が投入された。また，磁気攪拌機の調整を行わなかったため，攪拌が行われず，アセチレンの重合反応が進まず，実験に失敗したと白川に告げた。白川が反応容器の中を注意して見ると，その表面は黒色の膜，ボロ布のようであった。白川は同じ失敗をしたくないと考え，表面の物質をいろいろ調べ

6　白川英樹（2001, 7-10, 23-31, 68-77 頁）。

てみると，それは，なんと薄膜状のポリアセチレンであった．それまで，ポリアセチレンは粉末しか合成・抽出できないと思われていたが，偶然の失敗（成功）から薄膜状のポリアセチレンが合成できたのである．その後，白川はその合成（重合）方法に改良を重ね，アルミ箔と見まがうばかりの均質で大面積のポリアセチレン薄膜が合成できるようになった．なおポリアセチレンは，導体ではなく半導体であるが，この頃，高分子半導体の研究は世界的に下火になりつつあったので，白川の研究結果は大きな反響は呼ばなかった．

しかし，その後，米国からセミナーに来日したマクダイアミッドが，白川が合成した光輝くフィルムに大きな興味を示し，その強い誘いで，白川はペンシルバニア大学での共同研究のため渡米した．ペンシルバニア大学では，高分子有機化学を専門とする白川，無機化学が専門のマクダイアミッドと共に物理が専門のヒーガーの三人が共同研究をした．目的は，ポリアセチレンフィルムになんらかの結合を加え，電気伝導度の高いもの（導電体）に変えることであった．そこで，三人がそれぞれの専門的立場からディスカッションを繰り返して，仮説を立て実験を繰り返しては，電気伝導度を測定したのである．

その結果，白川らは，ポリアセチレンフィルムを合成し，それに臭素をドーピング（不純物添加）することにより，電気伝導度が10万倍になる，つまり金属となることを見い出したのである．

(2) 本書モデル固有の視点とイノベーションダイヤグラム
　1) 多様性創出による実現の不確実性の克服

本事例では，多様性の創出による実現の不確実性が大きく二段階に分離して起こっている．はじめに，ポリアセチレン合成における触媒の量を1,000倍に誤るという偶発的な多様性創出により，それまで得ることのできなかった薄膜状のポリアセチレンを得た．これは，典型的な偶然・幸運が作用した「実現」である．しかし，この偶然の合成・実現を白川が見逃さなかったことが重要である．それ以前にも同様の事象がありながらそれが見逃されていた可能性が存在する．白川はそれを見逃さなかった理由を，同じ過ちを繰

り返したくなかったとしている。つまり，失敗についてもその理由と帰結を理解して，再発を防ぎたいと考えた白川の探求心や理由を求める合理精神ゆえなのである。つまり，偶然の結果が見い出されたのは単なる偶然ではない。

さて，次に実現の不確実性が低減されたのは，ポリアセチレン薄膜（半導体）の電気伝導性を高めようとしたプロセスである。このプロセスは，先ほどとは異なり，原則として解析的合理的に実施された。すなわち，多様な専門家の知識，仮説に基づき，臭素をドーピングするという方法でそれを実現したのだ。これは，本書の言葉で言えば，専門家の衆知を踏まえた必要多様性[7]の低減のプロセスである。

2） コンテクスト創造による需要の不確実性の克服

本事例では，コンテクストの創造による需要の不確実性の克服を二通りの見方で認識することができる。一つは，このプロセス全体を見る見方，あるいは，白川の見方である。白川は，誤って合成された物質を見逃さず，それがポリアセチレンの薄膜であることを認識したが，自らこれを電気を通す高分子というコンテクストにおこうとはしなかった。そして，偶然この薄膜の存在を知ったマクダイアミッドにそれを示唆された。マクダイアミッドがこの薄膜の存在を知ったのは，誰かの意図によるものではないから，このプロセス全体を見る見方，白川の見方からすれば，想定外のコンテクストが偶発的に創造されたと理解できる。

一方，確定的には確認できないが，マクダイアミッドは，この薄膜の存在を知って，すぐにこれに大変興味を覚え，白川を米国に呼び寄せて電気伝導度を高めるための共同研究を開始したことから，予め，半ば無意識にでも，導電性というコンテクストを高分子に対して抱いていたと想定できる。したがって，マクダイアミッドの立場からすれば，半ば探していたものを偶然も作用し発見したプロセスと捉えることもできよう。

3） イノベーションダイヤグラム

---

[7] 本章 5.1(2) 参照。

以上の経緯をイノベーションダイヤグラムに記述すれば，図示の通りである。上記に述べたように，本事例は全体としてあるいは白川の見方から見れば，まず偶発的に素晴らしい結合が実現しそれに対してさらに想定外のコンテクストを得て，偉大なイノベーションを得る，という真セレンディピティの一類型である。ただし，ペニシリンの例と異なって，結合の発見とコンテクストの創造が全く同時に同一人物・集団で行われたのではないという特徴を有する。

ここで，白川が，失敗を失敗として終わらせたくないと考え，その原因と帰結を解析的に理解しようとした結果，偶発的な実現を見い出したことは強調し過ぎることのない重要な点である。

さらに，マクダイアミッドの視点からすれば，求めていたもの（導電性というコンテクストに当てはまる結合）を偶然見い出した，擬セレンディピティの一類型と考えることもできるが，そう呼ぶに値するまで彼がこのコン

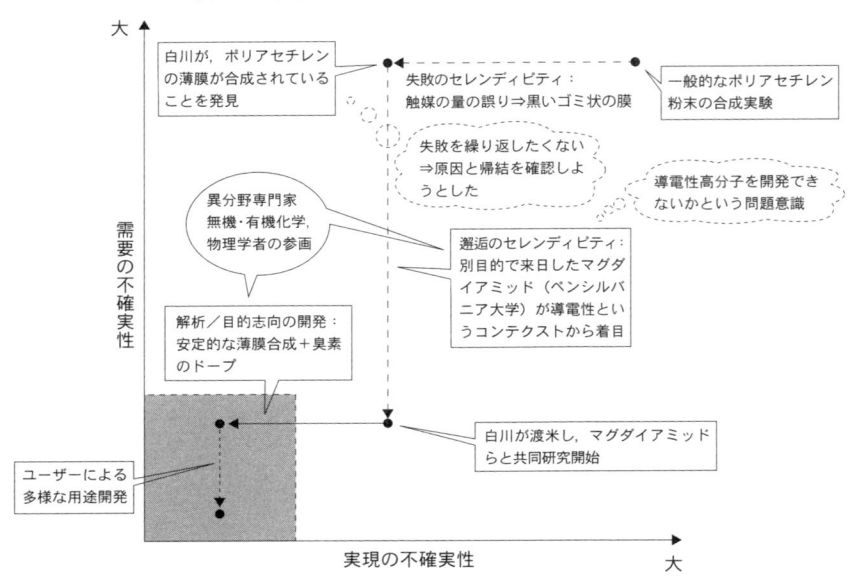

図7-4　導電性ポリマーのイノベーションダイヤグラム

出所：筆者作成。

テクストに妥当するものを強く希求していたか否かは不明である。

3. 擬セレンディピティ

3.1 トランジスター[8]

(1) 時系列記述

　1935年，ベル研究所電子管部長のマービン・ケリー（後にベル研究所副所長）は，当時MITで博士号の学位論文を進めていたショックレーを度々訪ね，ベル研究所に入るように勧めた。ケリーの意図は明確である。とびきり有能なショックレーにトランジスターを発明させようとしていたのだ。ショックレーは，1936年，博士号を取得した後ベル研究所に入所した。

　ケリーは，ショックレーを自分のオフィス（事務／研究室）に呼び，「今から10年，20年後のアメリカの社会を考えてみたことがあるか」と言った。そして，広大な全米に安定した電話網を引くことが，何より重要な意義を持つとの考えを伝えた。まるで，面と向かって話しているように使える電話網である。そして当時その手段であった真空管の限界を語ったのだ。消費電力，寿命，大きさ。いずれも巨大で安定なシステムには適さない。真空管の限界は見えていると。

　そして，ケリーはショックレーに言った。「自分は，君に真空管を遙かに超える増幅装置を考えだして欲しいのだ，そのためにベル研究所に引きいれたのだ。それは，真空管と全く異なったものでも良い。いや，異なったものであるほうが良い。新しい原理のデバイスで革新の芽になるような物を考えて欲しい，時間はいくらでもあげる。」

　「私の人生を決定した。それから私はこの仕事を生きている使命としたんだ」とショックレーは，菊池誠に何度も語ったという。

　1936年から，10年を超える間，ショックレーは次から次へと，様々な可能性を頭に描きながら実験の工夫を繰り返した。実際の多くの実験を担当し

8　菊池誠（2006，41-96頁）。

たのは，ブラッデンである。ブラッデンは，物理実験が好きで好きでしかたがない，というタイプの人であった。ショックレーは，この間の試行錯誤と失敗の連続の時期をふり返り，「私に良いところがあるとすれば，あきらめないということだ」と語っている。

そして1945年理論物理学者バーディーン[9]がショックレーの勧めで，ベル研究所に入所した。そして，バーディーンは，ショックレーがスカウトしたが，ショックレーとは異なる研究に従事した。しかし，研究室がショックレーらと衝立一枚隔てたところにあったこともあり，ショックレーらの研究にも協力するようになった。

あらゆる仮説に基づくショックレーとブラッデンらの実験が失敗続きのある日，バーディーンもいる場で，ショックレーは皆で失敗について率直に語り合う会議を開いた。そこで，バーディーンは，「研究が増幅素子を作ろうという目標に向かって急ぎすぎて，見落としていることがあるのではないか。例えば，我々は量子物理学によって，結晶中の電子の振舞いについてかなり良く分かったつもりになっているが，これは結晶が無限大であることを前提にしている。しかし，現実の結晶には大きさに限界がある。つまり，表面を持った結晶を相手にしているのだから，この辺で我々は『結晶の表面』の物理学をやり直してみる方が良いのではないか」と言ったという。ショックレーは，このことを後にふり返り，「自分の人生を反省してみて，あの時のバーディーンの意見ほど，深い意味を持っていて，私がしみじみ有りがたいと思ったことは，他になかったと言って良い」と言っていたという。そして，その後，半導体結晶の表面について，じっくり基礎的な理解を深めるという観点から研究を進めた。実際これがトランジスター誕生の大きな契機になった。そしてバーディーン自身も半導体のサーフェス・ステイツモデル[10]を構築し，これが研究の推進力ともなったのである。

そして，バーディーンらの仮説に基づき，「半導体―酸化シリコン薄膜―金属」という構造の電流変化を観察していたブラッデンは，求めている増幅

---

[9] 現在まで唯一人のノーベル物理学賞を二回受賞した理論物理学者。
[10] 1947，米『フィジカルレビュー』71巻，717頁に掲載。

作用に関わるかも知れない変化を発見し，それをバーディーンとショックレーに見せたのである。

それを見たショックレーが,「何かがおかしい，電圧の向きが逆になっている！」と声をあげた。バーディーンの仮説から期待されるのとは反対向きの電圧で変化が起こっていたのである。

そして，ブラッデンがさらに詳しく調べてみると，極めて薄くしようとフッ酸処理を繰り返していたため，薄膜はなくなり，金属を通じて半導体に直接電圧をかけていることが分かった。これを機に，ブラッデンは，薄膜を廃し，半導体に針を直接二本立てる実験方法に変更し，さらに実験を続けた。

1947年12月23日，ブラッデンは，ついに，一方の針から入る電流の変化がもう一方の電流に大きな変化を引き起こす，ということを見つけた。この時，ショックレーは自宅にいたため，ブラッデンはバーディーンを呼んで，増幅デバイス―トランジスターの発見を確かめた。

トランジスター創造のイノベーションの成立要因を，時系列にまとめると次の通りとなる。

① ベル研究所の電子管部長であったマービン・ケリーが新しい増幅デバイスの発見という強い目的意識を持ち，その遂行を託すに相応しい俊英ショックレーの執念に火を点ける。

② ショックレーがブラッデン，バーディーンらを巻き込み，10年以上の歳月に渡り諦めずに試行錯誤を続ける。

③ ショックレーが設定した根本的問題解決の議論の場で，バーディーンが，理論物理屋としての洞察・能力に基づき，一度基本に立ち返るべきだと発言し，それをショックレーが受けいれる。そしてバーディーンがサーフェス・ステイツモデルを構築する。

④ サーフェス・ステイツモデル等に基づいて実験を続けたブラッデンがフッ酸処理を誤り，薄膜がない状態で実験を続け，その結果を見ていたショックレーが，想定外の不思議な現象に気が付く。

⑤ 不思議な現象に基づき，実験好きのブラッデンがさらに実験を深め，求める増幅現象を発見，バーディーンがこれを確認。

以上を見ると，④には明らかに失敗・偶然の作用があり，①，②，③，⑤は極めて意図的な計画性を基礎におくものである。しかし詳細に見れば，①，②，③，⑤にもケリー，ショックレーらの意図に基づくとはいえ，邂逅やそれぞれの先天的特性が発揮され，④には，ブラッデンの徹底した実験追求という意図が働いているのである。

このことについて，後にショックレーは，「トランジスターの発明は非常にうまいマネジメントで行われた研究から偶然生じた」と語った[11]。トランジスターのイノベーションがセレンディピティの典型事例である由縁である。

なお，ここで見い出された点接触型トランジスターは，極めて不安的で実用には適さず，本格的に実用に供されたトランジスターは，ショックレーが点接触型トランジスターの原理を解析・参照して考案した接合型トランジスターである（藤村修三，2004）。

(2) 本書モデル固有の視点とイノベーションダイヤグラム

本イノベーションは，目的としていたことを意図とは異なる方法で実現できた「擬セレンディピティ」の典型事例である。本書の視点で言えば，実現すべきイノベーションのおかれるコンテクストの設定が極めて妥当であり，結果的に需要の不確実性を実現に先行して克服しており，セレンディピティにより実現の不確実性を克服することがイノベーションに直結した事例として記述できる。また，時系列的にも，はじめにコンテクストが創造されていると考えられる。そこで，本事例では，先にコンテクスト創造について確認することにしよう。

1) コンテクスト創造による需要の不確実性の克服

真空管を超える増幅素子による電話の意義，必要性，需要の存在とその拡大の可能性を後のベル研究所副所長，当時電子管部長であったケリーが透徹した洞察力で読み切っていたことがこのコンテクストの意義そのものであろ

---

11 1963年のショックレー来日時に，NHKにおいて放映された，菊池誠との対談番組における菊池の「トランジスターの発明は偶然ですか？それとも，うまく計画された研究の成果ですか」という問に対して（菊池，2006，41-43頁）。

3. 擬セレンディピティ　117

う。ただし，これは，当時の AT&T，ベル研究所においては，大勢を占める認識であったかも知れない[12]。ケリーが偉大であったのは，このコンテクストの認識を前提に，その実現の不確実性を克服するために，ショックレーを見い出し，このコンテクストでショックレーの心・動機に火を点けたことである。また，加えて偉大であったのは，真空管の改善・改良ではなく，全く異なったものの方が良いと認識し，それをショックレーに伝えたことである。

こうして，トランジスターの発明，人類史に残るセレンディピティによるイノベーションの口火が切られた。

2) 多様性創出による実現の不確実性の克服

トランジスターの事例は，不確実性を克服するための多様性の意義と必要な多様性を低減するための解析的努力の意義の両面を語り，そして偶然・幸運が作用したからこその偉大なイノベーションの典型的事例である。

何より，ケリーが MIT に見い出した物理学の俊英ショックレーが1936年から10年以上を超える試行錯誤を繰り返すのだ。ここには，10年の試行錯誤を可能にするショックレーらの解析・統合力による仮説の存在があり，実験が好きで好きでたまらず，「私は実験が好きだから，実験だけは自分の責任でできる」というブラッデンの存在があった。良いマネジメントの賜物である。

そして，バーディーンがメンバーに加わり，根本から，理論的に見直そうと提案し，自ら，サーフェス・ステイツモデルを提示し，半導体の表面に特に着目したことが，その後の試行錯誤に大きな方向性をあたえた。つまり解析的に必要な多様性を低減したのである。これら，ほぼ1945～1947年にかけてのできごとがトランジスター誕生のイノベーションに大きく貢献したことは，ショックレーの「あの時のバーディーンの意見ほど，深い意味を持っていたものはない」との発言からも明らかであろう。

---

[12] 筆者は，現在これを確認するすべを持たない。この需要の存在，コンテクストの設定自体が慧眼であった可能性もある。少なくとも事後から見れば，極めて妥当なコンテクストが実現の不確実性の低減の前提，あるいは動機付けと呼んでも良いものとして設定されていた。

しかし、最後の扉を開いたのは、ブラッデンの思わぬ試行錯誤による失敗であった。半導体上の薄膜をフッ酸で薄くするつもりであったが、実際は膜が完全に消失していた。そして、仮説とは違う方向において求める増幅作用に近づく何かが起こっていることにショックレーが気付いたのだ。「何かがおかしい！」。そして、その後、ブラッデンが薄膜のない構造に針を二本立てて実験を続け、最終的に求める増幅作用を発見、バーディーンがそれを確認したのである。

3）イノベーションダイヤグラム

以上の経緯をイノベーションダイヤグラムに記述すれば、図示の通りである。この事例では、結果的にはケリーの企図に基づき、はじめに、トランジスターが必要とされるコンテクストが極めて適切に創造されたことにより需要の不確実性は十分に克服されていたのである。イノベーションに残された課題は、実現の困難の克服、適切・必要な多様性の創出であった。それが、

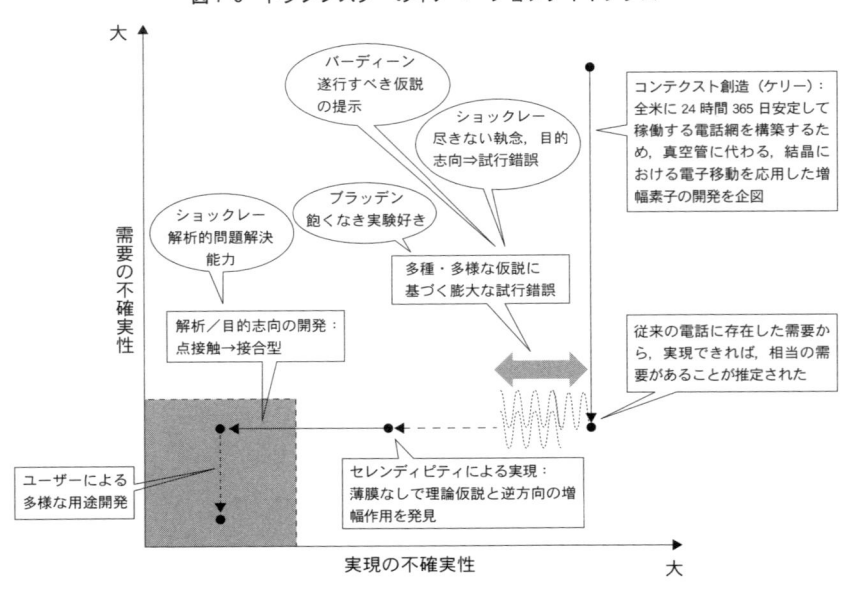

図7-5 トランジスターのイノベーションダイヤグラム

出所：筆者作成。

ショックレーの意欲と推進力，バーディーンの理論物理学者としての仮説構築力と解析能力，ブラッデンの実験物理学者としての熱意と実験遂行能力により行われたのである。そして，結果的には主に三者の貢献による比類なき仮説立案，試行錯誤の結果，偶然，セレンディピティが作用し，トランジスターの原理を示す結合が実現できたのである。典型的な擬セレンディピティの事例である。

3.2 高分子質量測定法[13]

(1) 時系列記述

1980年代，島津製作所の田中耕一らは，タンパク質等の高分子をイオン化し，その質量とイオン化の電気量の関係から，高分子の質量を測る装置を開発しようとしていた。それには，まず，高分子にレーザー照射しそれをイオン化する必要があり，そのため，レーザーの干渉をやわらげつつ熱を伝えるように試料（高分子）に対して，補助剤（金属超微粉末）と保持剤（アセトン等）とを加えていた。田中はこのイオン化の部分を担当していたが，補助剤として金属超微粉末，保持剤としてアセトンを用いる方法では分子量が数千以上の巨大分子化合物，タンパク質のイオン化には成功しなかった。田中は，補助剤としてグリセリンを用いる等の工夫をしたが，それでもイオン化は実現できなかった。ここで田中の研究は暗礁に乗り上げてしまったかのようだった。田中は，補助剤として他の質量分析に使われているものを虱潰しに試したが，いずれも失敗であった。田中は「自分たちは常識ではできないことに取り組んでいるのだ」と思い知らされながらも，「何もしなければ前進しない。好きな実験をできるだけやろう」と自分に鞭を打ち，金属超微粉末とともに使う「保持剤」の種類や濃度などを変化させたり，のべつ幕なしにいろいろなことを行っていた。

そして，1985年2月，田中は大きなミスを犯した。保持剤としてアセトンの代わりにグリセリン（補助剤の一つとして用意していた）を金属超微粉

---

13 田中耕一（2003, 93-162頁）。

末と混ぜてしまったのである。

　田中はその間違いにすぐ気が付いたが，金属超微粉末を棄てるのはもったいないと思い，その失敗作にレーザーを照射し質量の測定を試みたのである。すると，分析スペクトラムに，今まで見たことのない試料（ビタミンB12，分子量1350）のピークが顕在した。こうして田中は，偶然・失敗の作用も味方し，それまで不可能だった巨大な高分子をイオン化する方法を見い出したのだ。

　ここには，グリセリンを用いたこと以外にもいくつかの偶然が作用していた。加えて，田中が無類の実験好きで，かつ，この試料・金属超微粉末を廃棄することに躊躇する気持ちを持っていた。さらに様々なノイズで多くの偽発見が起こりがちな当該タイプの実験において，それを排除して何か異質なことが起こっていると感じる感覚を磨いていた。それらを踏まえて，田中のイノベーションは，ここまでの試行錯誤を繰り返していなければあり得ない気付きであり，偶然を重要な契機としつつ，必然と偶然の織りなす業と言わざるを得ない。

(2)　本書モデル固有の視点とイノベーションダイヤグラム

　本事例もトランジスターの事例と同様に当初の企図，すなわち高分子の分子量の測定，そのためにイオン化という狙いがそのままコンテクストとして成立したものである。したがって，はじめにコンテクスト創造について確認することにしよう。

　1)　コンテクスト創造による需要の不確実性の克服

　島津製作所は，様々な分析機器，測定機器を事業化しており，その中でも質量分析は重要な分野を占めていた。その利用範囲は，医学・ライフサイエンス，製薬，工業・新材料，環境分析等非常に幅広い。物質の特定や不純物検出等において決定的な役割を果たすことが多い。1980年代には，ゲノム情報の解読が始まり，タンパク質の分析・解析が一段と意義を高めることが見込まれた。したがって，巨大高分子を測定する機器は，医学・ライフサイエンス，製薬の分野で有望，すなわち，重要な用途，コンテクストが様々に

存在すると見込まれた。しかし,当時の化学者の常識では,レーザーを照射してもばらばらにならない化合物の質量は概ね分子量が 1,000 位までに限られていたので,巨大高分子のレーザー照射を経た分子量測定は不可能と考えられていた。しかし,島津製作所でこの開発に携わった田中ら 6 人はいずれも化学の専門家ではなく,必ずしも根拠のない常識に挑戦することができたのだと田中は述懐している。

いずれにしても,極めて筋の良いコンテクスト—そこに妥当する結合が見い出されれば,画期的な意義があり,人類の歴史を拓くような需要が存在する—を設定したことがこのイノベーションの成功に必須の出発点だったと考えられる。しかし,先人や専門家がそのコンテクストを設定していないということは,そこに妥当する結合は容易には見い出せない可能性が高かった。そして結果から見てもその実現の不確実性は,相当高かったのである。

2) 多様性創出による実現の不確実性の克服

田中が高分子のイオン化を実現した結合,すなわち,主たる試料と補助剤としての金属超微粉末と保持剤としてのグリセリン(及び他の諸条件あり)を得たのは最終的には偶然の誤りによってである。

しかし,もちろんこれは,偶然・失敗のみの産物ではない。そもそも極めて有力—医学等の分野で多くの需要を生むであろうコンテクストを設定したことにより田中らが強く動機付けられていたこと,また,試行錯誤を熱心に繰り返す中で田中がノイズと発見を直感的に見分ける能力,いつもと違った事象を発見する能力を養っていたこと,そしてそもそも多様な試行錯誤に値する多様な仮説を生むに値するまで知見を高めていたこと等を抜きにはあり得ないイノベーションである。

3) イノベーションダイヤグラム

以上の経緯をイノベーションダイヤグラムに記述すれば,図示の通りである。この事例では,田中らの開発チームが,意義深い需要が想定され,実現に関して言えば野心的で困難なコンテクストを設定・創造したことが重要であった。

その上で,田中らは,試行錯誤を重ね,ついには,偶然,失敗の作用によ

122　7章　多様性創出とコンテクスト創造によるイノベーション事例の記述

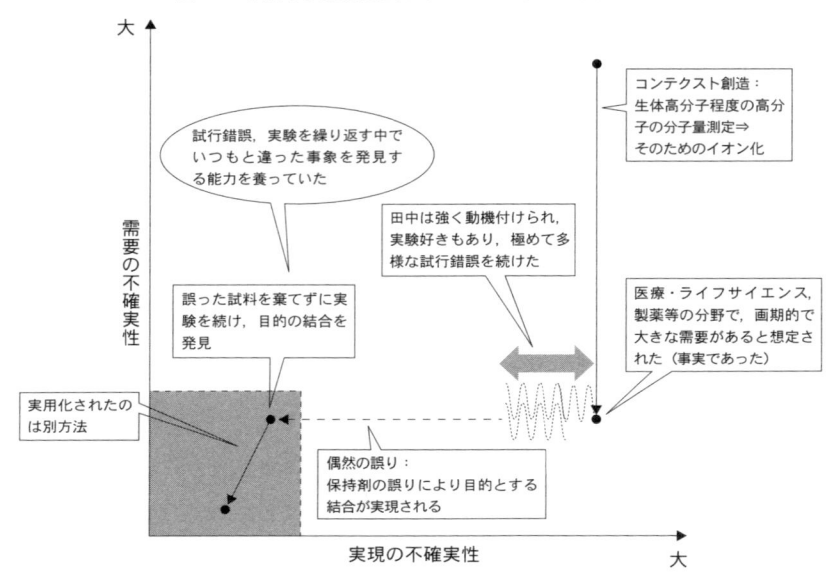

図7-6　高分子質量測定法のイノベーションダイヤグラム

出所：筆者作成。

りそのコンテクストに適合する結合の実現を得た。その背景には，妥当なコンテクストに由来する強い動機付け，田中の実験好き，そして，偶然に生成した求める結合を廃棄せず発見する精神や試行錯誤を通じて養われた感受性等が重要な役割を果たしているのである。トランジスターと同様に典型的な擬セレンディピティ事例である。

4. コンテクスト・コンバージョン

4.1　ウォークマン[14]

(1)　時系列記述

　1978年11月，ひとりの若手エンジニアが自分専用に改造した，小型カセッ

14　黒木靖夫（1990，45-100頁）。

トレコーダー「プレスマン」を，現在も用いられているソニーのロゴのデザイナーである黒木靖夫に見せ，その音を聞かせた。その改造とは，スピーカーを取り去ってステレオの回路を入れ，再生ヘッドをステレオにしてイヤホンジャックを二つにし，そこに小型化してステレオ用に二つに分けたヘッドフォンプラグをさした作りである。

黒木はその音を聞いて大変驚いた。こんな小さな機械からいかにしてこのような迫力のある音が出るのだろうと。現在では，当たり前のことであるが，当時，こうした音楽聴取方法は誰も体験したことがなく，迫力のある音は大出力のステレオ機器で聴くものだと思い込んでいたからである。

しかし，ここからすぐにウォークマンの商品化が始まったのではなく，様々な難関が待ち受けていた。

黒木は一計を案じ，2ヶ月に一度のクリエイティング・レポート会議ではなく，すぐに名誉会長の井深大と会長の盛田昭夫（いずれも当時）にこの改造機を見せたという。二人は大変面白がった，ただしその反応は対照的だった。井深は，当時の何百Wも出力できるステレオのほとんどのエネルギーが無駄になっているのに対し，この機械はほんの数mWの出力が鼓膜に届くだけで十分であるという省エネ特性に大変希望を持った。一方，盛田は，「今の若い人は音楽なしでは生きてゆけないんだよ。・・・いつでもどこでも音楽が聴けるようになったら若者の必需品になるよ。ソニーは商品をパーソナルユースとして開発してきたんだ。今度はステレオをパーソナルにする番だよ」と高く評価したのである。

その後，特に盛田は熱心であり，1979年2月に自ら出席する企画会議を開いた。その後，まず，異例に早期の発売時期と中高生でも買いやすい価格を主張する盛田と製造担当者の間での喧々諤々の議論があった。また，「録音もできない機械は売れないのではないか」という国内営業担当の消極姿勢，反対もあった。テープレコーダーなら分かるが，テーププレーヤーとはいったい何だ，というのが専門家を含め，この機械を見た人の一般的な疑問

だったのである。当然，ヘッドフォンステレオ[15]という言葉もなかった。

　ここで，黒木らは市場調査でテストしてみることにした。ソニーは，それまで，販売する商品を事前に市場でテストしたことはなかったという。井深は「ソニーは絶えず新しい商品を生みだして来た。しかし新しい商品は，どう使うのか，どう使えば生活が便利になるのか誰も分かっていないのだ（後略）」と考え，ソニーでは，見たこともない商品を欲しいというニーズは，いくら調査をしても出てこないと考えていたのである。しかし，この商品に関しては，社長の盛田，黒木らと製造・販売担当者の見解があまりに分かれたので，市場テストを実施することになった。

　隠しカメラ・マイクで市場テストの100人の若者達の様子をモニターすると，五人に一人はリズムに乗って体が動いていた。黒木らは若者の体や表情の反応だけで，これはいけると確信したという。

　その後，準備期間わずか4ヶ月のこのプロジェクトは強引に進められ，1979年7月1日に発売にこぎ着けた。しかし，6月22日の記者発表及び発売後のメディアの反応は芳しくなかった。ほぼ全員40歳以上であるメディアの人達にはウォークマンは理解されなかったのである。

　しかし，8月に入り動きが一変した。その原因は，口コミと雑誌である。一度ウォークマンの音を体験した人は，次々に友人に吹聴した。加えて，新聞，TVではなく若者向けの雑誌が記者発表から1ヶ月，様子を見ながら動き始めたのだ。また，タレントがウォークマンを着けた写真が雑誌グラビアを賑わせたという。その後，ウォークマンの売り切れ店が続出した。

　その後30余年が経過し，パーソナル，ユビキタスな音楽・音声再生機器は当たり前の存在である。録音できない機械が売れない，と考える人はいない。アナログからデジタルへ，そして記録方式も全く異なるパーソナル音楽機器にその存在はおき代わっているが，いつでもどこでも一人で音楽を聴く，というライフスタイルは20世紀に生まれ，21世紀に引き継がれた文化

15　ヘッドフォンはあったが，それは録音スタジオや家庭で，スピーカーからの音が邪魔にならないように，かつ，原則として座って高音質聴取をするための大型ヘッドフォンであって，移動しながら使うことを想定していなかった。

となっている。

(2) 本書固有の視点とイノベーションダイヤグラム
　1) 多様性の創出による実現の不確実性の克服
　若手エンジニアが，モノラル録音再生小型テープレコーダーを，自分用にステレオ小型再生専用プレーヤーに改造する，これは技術的には特段に困難なことではない。要素技術は既に十分成熟して用意されていたと考えられる。ただし，大企業で働く一エンジニアがこうしたことをなすことは，必ずしも簡単ではなかったと考えられる。技術的に困難でないことから，かえって無駄，無意味な遊びと判断され，あるいはそれを恐れる可能性は存在する。
　したがって，こうした技術的には必ずしも高度ではない遊びを許す組織，意識が存在していたことは注目に値する。つまり一種の多様性を許容する雰囲気が当時のソニーには存在していたと考えられる。この雰囲気は，「公式のテーマ以外に隠れ研究を行うのは研究者・技術者の当然の権利であり，やりたいことは自由に研究する」[16]という当時のソニーにおいては，当然のことであったのかも知れないが。
　2) コンテクスト創造による需要の不確実性の克服
　ウォークマンの事例で，結果的に需要の不確実性を克服するコンテクスト創造は，盛田昭夫の洞察によって行われた。その洞察は，この録音できない小型テーププレーヤーを若者のパーソナルな生活におく，というコンテクストの創造である。
　その契機となったのは，デザイナーである黒木靖夫が，若手エンジニアが自分用に再生専用に改造していた機器を知り，面白いと思ったことである。また，井深が省エネの観点から盛田とは異なるコンテクストを洞察したことも注目に値する。すなわち，当時のソニーの経営層（後に取締役となる，創業初期から盛田らのもとにいた黒木含む）が偶発的に生まれた何かを面白い

16　3章2.1参照。

と思い，本書でいうコンテクストを創造する意欲があり，その能力，洞察力に優れていたことがこのイノベーションの重要な成功要因である。また，この非常識なテーププレーヤーの価値，コンテクストを簡単には受け入れない製造，販売両担当部隊を盛田のリーダーシップ，権力で押さえつけなかったことも注目に値する。盛田自らが担当者を説得し，初期生産台数に関する妥協案を出す等，根気強くこのコンテクストが理解されるための努力をしたのである。また，存在しないものを消費者に問うてもニーズは分からないという当時のソニーのポリシーを曲げても市場テストを行ったなど，柔軟性と執拗さがこのコンテクストを理解させ，イノベーションを実現することにつながった。

3) イノベーションダイヤグラム

以上の経緯をイノベーションダイヤグラムに記述すれば，図示の通りである。このイノベーションにおいて，組織としてウォークマンを事業化したと

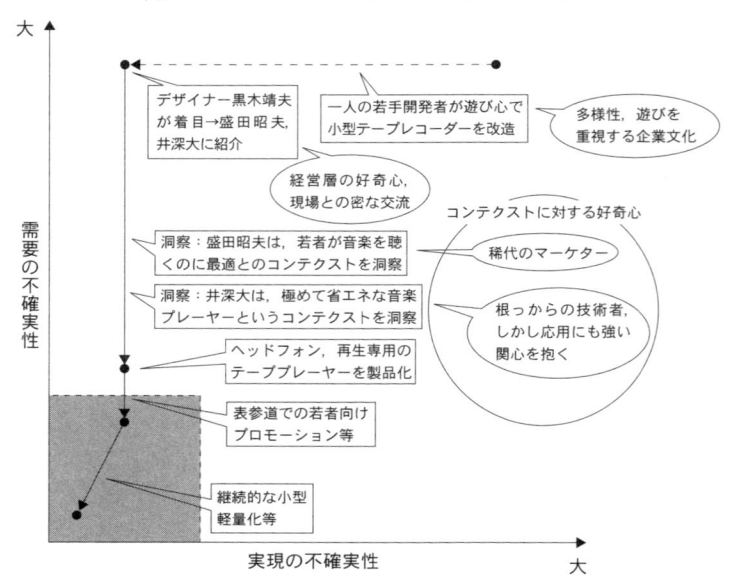

図7-7　ウォークマンのイノベーションダイヤグラム

```
需要の不確実性（大）
├─ デザイナー黒木靖夫が着目→盛田昭夫，井深大に紹介
├─ 一人の若手開発者が遊び心で小型テープレコーダーを改造 ─── 多様性，遊びを重視する企業文化
├─ 経営層の好奇心，現場との密な交流
├─ 洞察：盛田昭夫は，若者が音楽を聴くのに最適とのコンテクストを洞察 ─── コンテクストに対する好奇心／稀代のマーケター
├─ 洞察：井深大は，極めて省エネな音楽プレーヤーというコンテクストを洞察 ─── 根っからの技術者，しかし応用にも強い関心を抱く
├─ ヘッドフォン，再生専用のテーププレーヤーを製品化
├─ 表参道での若者向けプロモーション等
└─ 継続的な小型軽量化等
　　　　　　　　　　　　　→ 実現の不確実性（大）
```

出所：筆者作成。

いう観点から見れば，実現の不確実性の克服，そのための多様性の創出が偶発的に起こっていることを大きな特徴とする。また，意図的に画期的なコンテクスト創造がなされたことを必須の要素とする。それらの点から言えば，擬セレンディピティの事例と捉えることも可能である。

ただし，トランジスター発明のイノベーションに代表される擬セレンディピティが，先に極めて野心的なコンテクスト創造が行われ，後に偶発的な多様性創出により結合が実現したのに対し，偶発的な実現の後に画期的なコンテクスト創造がなされたという点で，結合の実現とコンテクスト創造の順序が逆になっている。また，その偶発的な実現が，技術的に大きな困難を伴うものではないという点では，イノベーションの性質が大きく異なっている。そこで本書では，これを擬セレンディピティとは考えずに，偶然生成した結合を的確に認知し，コンテクストを創造・転換したことに主たる意義があったイノベーションと考え，コンテクスト・コンバージョンと考える。

4.2 ポストイット[17]

(1) 時系列記述

1969年，3M中央研究所の研究者，スペンサー・シルバーは，接着力の強い接着剤の開発要求を受け，実験を繰り返していたが，期待していたものとは，全く異なる性質をもつ試作品ができ上がった。よく着くが，剥がれやすい糊である。当初の目的に照らせばあきらかな失敗であったが，シルバーはそれを廃棄はしなかった。顕微鏡で試作品を観察した彼は，従来にない性質を目にしてすっかりその失敗作の"虜"になったのだ。

執務時間の15％を自分の好きな研究に使っても良いという「3Mの15％ルール」（不文律）を使って，シルバーは，その失敗作に対して，社内の意見を求めて回ったが，それを咎められもしない代わりに，特に真剣に耳を貸そうとする人もなかった。コマーシャル・テープ事業部の研究員，アート・フライもそうであった。

17　住友スリーエム（株）(2011)

しかし，1974 年のある日曜日，教会で賛美歌隊のメンバーとしていつものように賛美歌のページをめくり，フライの栞がひらりとすべり落ちてしまった際，彼の頭の中に突然ひらめくものがあった．「これにあの接着剤を使えば良いのだ」，5 年前にシルバーが作りだした，奇妙な接着剤の用途が突然具体的なイメージになったのである．

翌日から 15％ルールを活用して，フライはイメージした栞の開発に取りかかった．この栞の大事な点は，必要なときはしっかりと着き，用がなくなれば簡単に剥がせること．そして，貼った本や紙をいためずよごさないことである．このため接着剤の濃度等を工夫し，試作品を手にしたフライは，更なる洞察を得たのであった．

「これは，便利な栞としてだけでなく，これ自体にメモしてそれを着けたり剥がしたりする，新しいメモ・ノート，コミュニケーションツールとして使える．」

フライは，この後，社内の多くの研究者の協力や，ブートレッギング（密造酒造り）のルールを活用してこの新しい製品の製造機器の開発に取り組んだ．ブートレッギングとは，仮に上司の命令に背いても，自分の信じる研究のために会社の設備を使っても良いとするものである．

この開発は，極めて多くの課題を克服しなければならないものであり，2 年以上の歳月をかけ，ようやく製造機器を完成させた．フライの執拗な努力の積み重ねによるものである．

さらに，完成した製造機器による試作品が生みだされてから製品になるまでにも大きなハードルが立ちはだかっていた．市場調査を行ったマーケティング部が開発に難色を示したのである．従来のメモ用紙より 10 倍近くも高価，しかも見たこともなかった製品に誰も必要性を感じない，需要がないだろうというのである．そこでフライは試作品を社内の秘書達に使ってもらうために配った．すると，秘書達の口コミで，一度使うと手放せなくなると言われ，社内での認知を高めたのである．

さらに，期待をこめて，1977 年に米国の 4 大都市で，大規模なテスト販売を行ったが，その報告は当初全く芳しくなかった．しかし，マーケティン

グ部がフォーチューンの年間売上げ上位500社の秘書仲間に3M会長秘書名で，サンプルを送ったところ大きな反響があり，1980年全米での販売が開始された。

その後，日本市場向けには，付箋（短冊状）サイズを発売する等の工夫もなされ，現在では，日本のオフィス，作業現場，教育現場等においても必需品となっている。

(2) 本書モデル固有の視点とイノベーションダイヤグラム

ポストイットでは，実現の不確実性と需要の不確実性の克服のプロセスがそれぞれ多段階であり，かつその両者が交互に実現した結果たどり着いたイノベーションであると考えられる。それらのプロセスを記述していこう。

1) 多様性創出による実現の不確実性の克服

ポストイットにおける最初の実現の不確実性の克服（多様性の創出）は，偶発的であった。良く着く糊を開発していたスペンサー・シルバーが，良く着くが剥がれやすい糊を偶然開発してしまう（失敗）。しかし，フライによって栞としてのコンテクストを見い出されて，さらに実用に向けて，実現の不確実性を克服することになる。このプロセスは，困難ではあるが必ずしも不確実性は高くなく，フライの注力と周囲の協力，それを支える3Mの制度（15%ルール，ブートレッギング）によって達成された。

2) コンテクスト創造による需要の不確実性の克服

スペンサー・シルバーは自らが作りだした失敗作，良く着くが剥がれやすい糊のことを社内に紹介し意見を求めた。ここからポストイットに関するコンテクスト創造がはじまった。シルバーが無価値と判断していたらポストイットは世に生まれていない。この背景には技術は使い尽くす，簡単には捨てないという3Mの組織風土[18]と不思議な接着剤の性状を顕微鏡で観察してその虜になったシルバーのイノベーターとしての感覚がある。さらに社内に紹介して回った行動力とその背景にある技術基盤と同時に需要・収益を大切

---

18 日経ビジネス（1998, 39頁）。

にする 3M の組織風土が有効に作用したと考えられる。

　シルバーの"プロモーション"が記憶の底に残っていたアート・フライが，5年後に教会で，この糊のおかれるべきコンテクストを洞察する，これがこのイノベーションの核心である。フライのこの洞察も研究者として技術の使われ方（コンテクスト）に強い興味を示す特性と，背景にある「技術は使い尽くす」という 3M の組織風土のなせる技であろう。

　ここで一旦，剥がせる栞であるポストイットの実現の不確実性を克服するプロセスに移り，それに成功して，さらにコンテクスト創造を深める必要に至る。社内のマーケティング部門が，利用者がいかに使うのかが不明，需要が存在しないとしたからである。そこで，フライは，社内の秘書達にポストイットを配った。フライは，ポストイットは単なる栞ではなく，メモパッドとしても使われるだろうと洞察していたからである。

　社内の秘書に好評を得て，そしてマーケティング部の努力により他の大手企業の秘書達からも好評を得て，ポストイットは発売に至る。つまり組織としてのコンテクストの認知に至ったのである。

　3）　イノベーションダイヤグラム

　以上の経緯をイノベーションダイヤグラムに記述すれば，図示の通りである。大きく捉えれば，実現の不確実性と需要の不確実性の克服が繰り返し二回実行され，その結果イノベーションが成功している。そして，イノベーションの契機，核心となったのは，最初のシルバーの失敗であるが，重要なことは，シルバーがそこで，このイノベーションの芽を廃棄しなかったことである。それどころか，彼はそれを吹聴して回ったのである。

　さらには，その吹聴を聞いたフライが，そのことを頭の片隅におき，5年もの歳月を経た後に，良く着くが剥がせる栞というコンテクストを創造したことがこのイノベーションのもう一つの核心となった。

　この背景として，技術を使い尽くす，そのためには派生物を重視し，何かを失敗と簡単に決めて捨てない，加えて，技術と同時に需要と収益を大切にする，その両立のためにこそ技術を活かし切るという 3M の組織風土が極めて重要な役割を担っていると考えられよう。3M がイノベーティブな企業で

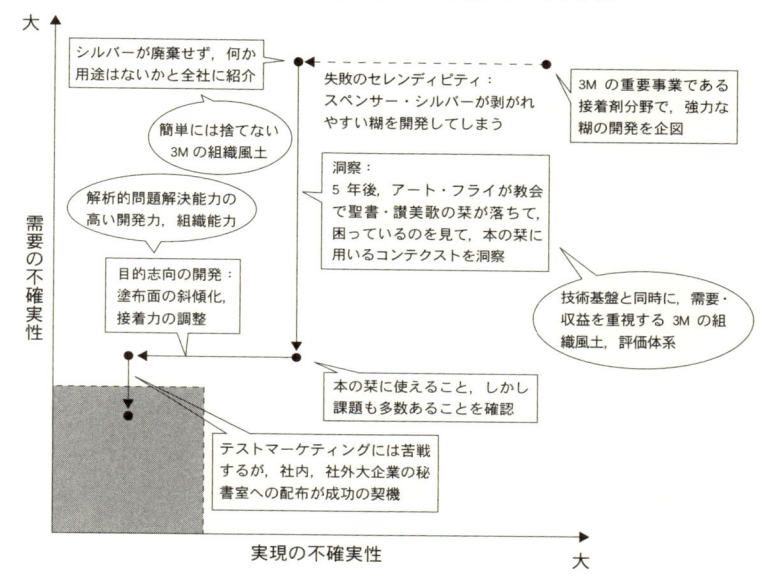

図7-8 ポストイットのイノベーションダイヤグラム

- シルバーが廃棄せず，何か用途はないかと全社に紹介
- 失敗のセレンディピティ：スペンサー・シルバーが剥がれやすい糊を開発してしまう
- 3Mの重要事業である接着剤分野で，強力な糊の開発を企図
- 簡単には捨てない3Mの組織風土
- 解析的問題解決能力の高い開発力，組織能力
- 洞察：5年後，アート・フライが教会で聖書・讃美歌の栞が落ちて，困っているのを見て，本の栞に用いるコンテクストを洞察
- 目的志向の開発：塗布面の斜傾化，接着力の調整
- 技術基盤と同時に，需要・収益を重視する3Mの組織風土，評価体系
- 本の栞に使えること，しかし課題も多数あることを確認
- テストマーケティングには苦戦するが，社内，社外大企業の秘書室への配布が成功の契機

縦軸：需要の不確実性（大）
横軸：実現の不確実性（大）

出所：筆者作成。

あるのは偶然ではなく，そのマネジメント，組織能力によるものと考えられる由縁である。

4.3 MPU企業化[19]

(1) 時系列的記述

インテルは，1968年の創業当初から，当時の半導体の最新プロセスを利用したMOSスタティックRAMを製品化する等，半導体メモリのメーカとして成長した。その後も半導体の最新プロセスの継続的開発を続け，メモリ事業を拡大した。

そして，インテルと言えばメモリ，メモリと言ってもインテルというほどに，インテルは自他共にメモリ企業として認知し，される企業となった。

---

19 インテル（株）(2011) 及び Andrew S. Grove (1996, pp. 79-97, 邦訳, 95-116頁)。

シェア，技術的先行性，イメージ等の面からインテルはメモリ企業，つまりインテルのアイデンティティはメモリとなったのである。

しかし，80年代に入ると日本メーカとの競合でメモリ事業は苦しい局面を迎えていく。価格，品質面で日本メーカに対抗するのは大変厳しい状況となった。そこでインテルは，日本メーカとの競合に勝つべく様々な戦略的対抗策を打った。ニッチ市場，付加価値を求めた特殊な領域のメモリの開発等を実施した。しかしこれらの市場においても，中核市場における価格低下との連動が起こり，これらの対抗策は，インテルの競争力，収益力を回復するための意味を持たなかった。戦略的，能動的な行動はインテルの突破口とはならなかったのである。

一方，インテルは，1971年に世界初のMPUである4004（商品名）を開発し，発売していた。世界初のMPU，4004は同社が戦略的に開発したものではなく，日本のビジコン社から電卓用の半導体セットの開発依頼の際に，開発・製造負担を減らすために窮余の一策として，汎用の演算用半導体とソフトウエアの組み合わせで対応するために生まれた半導体である。しかもこれは，企画部署が発案したものでなく，ビジコン社からの依頼に対応した現場の発案である。

その後，MPUは電卓用の半導体としてだけでなく，様々な工業用機器の制御，家電製品，自動車のエンジン制御，そしていわゆるマイコンからパソコン等へと当初想定もされなかった多様な用途に利用範囲が拡大していった。

なお，ビジコン社は，その後経営悪化に至り，インテルはMPU開発後，その権利を買い戻した。インテルは，4004の開発直後にはMPUの極めて高い将来性を認識し始めていたと想像できるが，ビジコン社の経営悪化という偶発的要因もあって，MPUの権利を手中にしたのである。

さらにインテルのMPUがシェア，存在価値を高めたのは，1981年に発表されたIBMの最初のPC，すなわち，IBM Personal Computer 5150，いわゆるIBM-PC初代機において，インテルのMPU，8088が採用されたことに大きく負っている。しかし，これは，インテルの能動的な戦略活動によ

るものではなく，主として IBM 側の事情によっている[20]のである。しかもインテルの MPU が競合他社，特にモトローラの MPU より優れていたからではなく，むしろ劣っていたことが結果的に幸いしたのである。何故ならば，当時 IBM において PC は先行き不明の傍流（に育つかも知れない）事業であり，既存の主力事業の展開と重なることは，社内力学から望ましくなく，性能が低いことがインテルの MPU が選択された重要な理由だったとされる。加えて，IBM にインテルの MPU の利用実績があったこと，インテルの MPU 向けに蓄積されたソフトウエア資産を重視したこと，そしてインテルが IBM の低価格要求に応えたことによりインテルの MPU が IBM に採用されたのである。

　その後，1984 年に半導体市場全体，特にメモリ市場に大不況が訪れ，メモリ企業の中でも競争力を失いつつあったインテルは存亡の危機に襲われた。しかし，インテルは，組織としてそれに対する有効な戦略，戦術を見い出せないまま時間が過ぎていった。しかし，目標もなく漂い続けて 1 年近く，ついに 1985 年半ば，CEO であったゴードン・ムーアと後の CEO アンドリュー・グローブは，メモリ（D-RAM）事業からの撤退を決断した。「もし我々が追いだされ，取締役会が新しい CEO を任命したとしたら，その男はいったいどんな策を取ると思うかい？」というグローブの問いに，ムーアが「メモリ事業からの撤退だろうな」ときっぱりと答えたという。「気持ちを切り換えて，我々の手でやろうじゃないか」とグローブは締めくくった。

　その後もメモリ事業の撤退の実現には，大きな困難・抵抗がつきまとったという。「技術の牽引役」としてのメモリ，「十分な商品構成」のためにメモリが必要ではないかとの論理が社内に存在し，何よりグローブ自身が自分たちのアイデンティティを放棄することだと認識していたからだ。

　しかし，ついに議論の余地，余裕はなくなり，顧客にメモリからの撤退を伝えるように販売担当者に指示がなされた。グローブらは，撤退に対する顧客の不満を恐れていたが，結果は正反対であったという。顧客にとって，メ

20　佐野正博『―the IBM Personal Computer の開発プロセスに関する技術戦略論的視点からの分析―』(http://www.sanosemi.com/history_of_IBM-PC.htm#8088，2011 年 9 月 7 日取得)。

モリ市場でのインテルの重要性は既に低下して，撤退は予想されたことであったのだ。「やっと決まりましたか」との声までもあったという。

さらにグローブが重要な教訓としていることは，市場に近い中間管理層は既にこの転換の準備をしていたことである。彼らの生産計画は，損失を出していたメモリから利益率の高いMPUに生産資源がより多く投入されるように変化していた。現実に直面する現場は，既に妥当な意思決定を行っていたのだ。

その後，インテルの経営陣はMPUへ事業を集中していく。そこでは，継続的な新世代開発，巧みな知財戦略[21]，転換リスクへの対応[22]等，極めて計画的，能動的な戦略活動が功を奏して，現在，インテルは世界最大の半導体企業の地位を占めている。

しかし，「MPU開発」から「MPUへの事業集中」までの企業行動は，インテルが戦略的に必然を求めた結果であったとは言い難い。現実を受容し，観察し，MPUで生きていくほかないことを，経営陣が，特に創業者達，ムーアとグローブが洞察し，覚悟した結果である。

(2) 本書モデル固有の視点とイノベーションダイヤグラム

インテルのMPU企業への転換のイノベーションは，技術開発や一つの製品・事業内部のイノベーションではなく，企業全体，企業構造のイノベーションであるという特徴を有する。その帰結でもあるが，何かの技術的ブレークスルーが決定的な役割を果たしたのではない。主として事業・企業に関する認識，判断のイノベーションである。まず，事業・企業としての実体—結合の実現があり，それが受容されるコンテクストのうち，特にイノベーションをなそうとしている主体そのもの，先に示した[23]内的コンテクストの生成，転換が核心となったイノベーションである。

---

21 小川紘一 (2009, 129-149頁)。
22 MPUのアーキテクチャーにおいて，従来方式 (CISC) が新方式 (RISC) に代替される転換リスクに備えて，RICSの開発も並行して行った。Andrew S. Grove (1996, pp. 103-125, 邦訳, 121-125頁) 参照。
23 4章2.3参照。

1) 多様性創出による実現の不確実性の克服

インテルは、元々技術者集団が半導体製造のために創立した企業であり、技術開発・投資には熱心であった。そして MOS スタティック RAM から D-RAM へと技術開発、事業展開を行い、継続的に一定の多様性を生み、高い技術力を保有する企業となっていた。そして、ビジコン社から電卓用半導体の開発の依頼を受けた際、限られた資源で効率的にそのニーズに応えるため、半ば受動的ではあるが世界ではじめての MPU を生みだした。必ずしも戦略的能動的ではないが、自らの多様性を発揮し、世界ではじめて MPU を実現したのである。その後もインテルは顧客による様々な用途領域の拡大―これは顧客による事後のコンテクスト創造とも考えられる―に応えて、MPU への投資を行い、事業拡大（多様性の創出と適宜の淘汰）を続けていた。さらには、IBM による PC へのインテル MPU の採用も受動的ではあるが大きな契機となり、MPU への投資、技術開発を続けたのである。

以上の結果、1984 年頃には、インテルの企業としての実態―収益や生産資源の活用の面からは既に MPU を中心とする企業といっても良い状態になっていた。

2) コンテクスト創造による需要の不確実性の克服

インテルは、ビジコン社の要請に応えるための方法論を、ビジコン社が依頼した通りの電卓機種毎の専用半導体ではなく、計算用の汎用半導体である MPU とプログラムで実現しようとしたが、ここで計算用の半導体の新たなコンテクストを創造したと考えられる。少なくとも、電卓の世界において、専用でなく汎用という新たなコンテクストに半導体をおくことにしたのである。しかし、MPU の汎用性は、当初 MPU を考えた技術者達、及びインテルの組織としての予想を遥かに超え、利用者がその利用局面、つまりコンテクストを次々と拡大していった。さらには、IBM が、同社最初の PC に採用するという想定外の、しかし決定的なコンテクストの拡大が起こったのである。

しかし、インテルの MPU 企業への転換においては、1985 年に創業者二人、ムーアとグローブが、自らはメモリ企業でなく、MPU 企業になるのだとい

う認識を持ったことが最も重要なコンテクストの創造，転換である．先に示したように，収益に占める比率，業界でのシェア，競争力においては，既にインテルという事業の結合体—企業は，既にメモリ企業よりもMPU企業という実態にあったと考えられるが，その結合体を自らMPU企業という枠組み，コンテクストに納めることに大きな障害，抵抗があったのである．つまり内的コンテクストが未成熟だったのである．そこで，「もし我々がしがらみのない新任のCEOであったら」とイノベーション主体自身のおかれるコンテクストを転換，創造して，事業の結合体（企業）としての自社のおかれるコンテクストを創造したところにムーアとグローブの偉大さ，慧眼を感じる．同一化[24]の弊害を克服したのである．

シェア，収益から見れば，上述の判断は，誰にでもできる当然の判断である，という考え方は誤りであると筆者は考える．類似の状況で多くの企業が淘汰されていったのである．

そのことをグローブ（Andrew S. Grove, 1996, p. 97, 邦訳，116頁）は，「戦略転換点を迎えたとき，あやうくそれを見逃すところでもあった．もし気付かずにいたら，ユニセン，モステック，アドバンスト・メモリー・システムズなどと同じ道をたどることになっていただろう」と回顧している．

3）イノベーションダイヤグラム

以上の経緯をイノベーションダイヤグラムに記述すれば，図示の通りである．まず，インテルがメモリ企業として創業しながら，技術を重視し，積極的な研究開発投資と適切な多様化を行い，受動的ではあるがMPUを実現したことが重要である．そして，さらに偶発的な要素としてIBMの最初のPCに採用されたことで，コンテクストを拡大しインテルはそれに合わせて技術開発（必要な多様性創出）を続けた．それらと並行して，MPUの利用者が制御機器から家電機器，自動車等様々なコンテクスト（利用局面）の拡大を行い，インテルも技術対応を行った．ここで特徴的なことは，コンテクストの拡大，創造は，ほぼインテルの能動的戦略によるものではないが，イ

24　5章2.2参照．

図 7-9　インテル MPU 企業化のイノベーションダイヤグラム

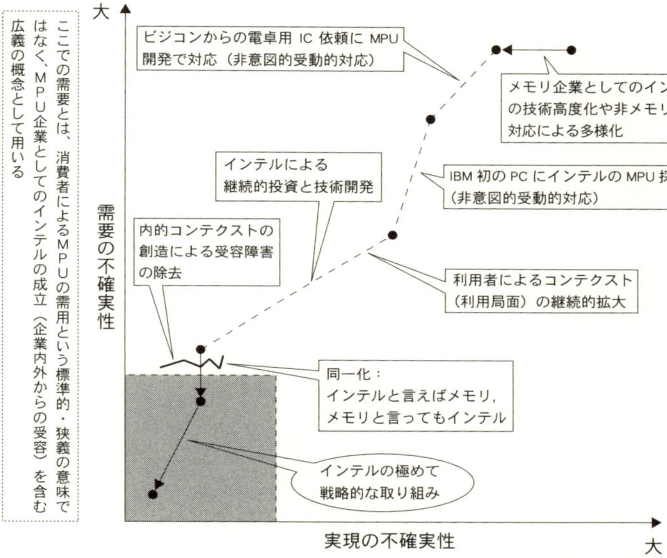

内的コンテクスト：イノベーションをなそうとしている主体（の状態・意識）が，結合が適合すべき環境である場合，そのありようを内的コンテクストと呼ぶ

出所：筆者作成。

ンテルが提示されるコンテクストに対応する技術開発（多様性創出）を積極的に行ったことである。

そして 1985 年，日本のメモリ企業との競争にほぼ完全に敗れたインテルの実態はメモリでなく，MPU を主力事業とする企業であった。しかし，ここで，メモリから撤退し，MPU 企業に転換する，ということには大きな障害があった。インテルの経営者自身がこの実態を受け入れる内的コンテクストの創造に苦しんだのである。しかし，インテルの創業者らは，ここで自らのしがらみを切り捨てて考えることにより，既に起こっている実態を受け入れるコンテクストを創造し，それを社内に浸透させる努力を行った。

上記のプロセスを見て，企業全体のイノベーションであり，外的なコンテクスト創造ではない点で，ウォークマンやポストイットとは異なるものの，既に存在している結合，実態を受け入れるという意図的なコンテクストの創

造が本イノベーションの核心であるということから，本書のフレームワークで，この事例をコンテクスト・コンバージョンと捉えることとする。

5. コンテクスト・レバレッジ

5.1 CD-R[25]

(1) 時系列記述

　1984年，後のCD-R開発リーダー浜田恵美子は，セラミックコンデンサーを主力事業として，その派生技術（セラミックを分散させる技術の流用）を活かして磁気記録媒体（カセットテープ）も事業化していた中堅部品・メディア企業，太陽誘電に入社した。いわゆる男女雇用均等法への改正の一年前，京都大学大学院理学研究科修士課程を修了した女性研究者が入社面接に至れる数少ない企業であったという。

　入社後，浜田はまず総合技術研究所で磁気記録関係の開発に携わったが，研究所長が磁気記録の次期（代替）技術として光記録への参入可能性を企図し，浜田に検討を命じた。同社で光記録に関わるのは浜田がはじめてであり，浜田は入社後1年間，一人で調査を続けた。学会に参加し，特許情報を調査し独自のデータベースを作り，それはずっと後まで役立ったという。1年後には，光ディスクについて一通りの「土地勘」が身についていた。

　そして1985年に正式に光ディスクプロジェクトが開始され，1987年には試作品を作ることができた。2年で試作品にまで至ったのは，必要な要素技術がほぼ確立していたからであるという。書き込み可能なCDの技術といっても，技術的なネタ（光記録原理・技術，半導体）は全てそろっていてそれを"寄せ集めれば"良かったという。未完成だったのはそれをいかなる「商品」の形にするかという点だけだった。高密度記録の魅力に惹かれ，すでに100社以上が参入していたが，各社が指向していた方向は同じではなかった。富士通，日立は超大型コンピュータの記憶装置を目指し，大容量・高

25　延岡健太郎・青島矢一（2009, 116-125頁）。

5. コンテクスト・レバレッジ

速・高信頼を求めていた。ソニーや他の AV（Audio Visual）系企業は，音楽 CD の次のメディアとして MO（Magnetic Optical），つまりカセットテープと同様に書き換えできなければダメであろうという発想であった。

太陽誘電は，外形12cm で CD と互換性があり色素利用で1回だけ書き込める商品を目指したのである。これは，メインストリームからはずれていて，あまり競争にならなかった。

このコンセプトに至った理由は，様々な議論を踏まえた上で，元々ビデオ／オーディオカセットテープを作っていたのだからその後継の AV ニーズを考えよう，また，これらはパッケージを人に渡すニーズがあるからハードディスクでなく，可搬・光メディアに魅力がある，ならばコンパクトな CD タイプのディスクをつくろうとのシナリオを描いたからである。

しかし，1987年の試作品は，CD とは同形状であるが，ディスクの反射率に関する技術的な制約から従来の CD プレーヤーで再生できないシステムで，それを CRD（Compact Recordable Disk）と称した。そしてこれらをソニーとフィリップスとで標準化し，太陽誘電を含め三つの規格ができた。ソニーは CD-MO（光磁気で書き換え可能な CD タイプ），フィリップスは相変化により書き換え可能な CD タイプである。そしてこれらを発表したが，市場はほぼ無反応で，結局，1988年春には三規格はいずれも没[26]となった。

ここから太陽誘電にとって，本当のコンセプト作りとその実現がはじまったといって良い。そこでブレークスルーを生めたのは，技術的な発明というより自分たちが目指すべきものを明確に定められたことが大きな要因だったという。

既存の CD プレーヤーで再生できなくて反響がなかったなら，CD との互換性を持たせる必要があるということに思い至ったのである。そのためには，CD プレーヤーでデータとして認識できる70％以上の反射率を持たせる必要があった。

このとき CD の生みの親であるソニーの中島平太郎氏からアドバイスを受

---

26 以後，ソニーは MD に，フィリップスは CD-I（Interactive）にシフトした。

けたという。「もうこんなもの（互換性のない）をやっていること自体が間違っている。書き換えができるなら新しいコンセプトで進めるのも良いが，（そうでないなら）そもそも目指してきた互換性を達成すべきだ」，「1回しか書き込めないけれど，CDプレーヤーでちゃんと再生できるというメリットを備えたディスクをつくりなさい。反射率70％が条件なら，70％にすればいいじゃないか」と言われた[27]という。

そこで，1988年5月に反射率を70％にするための開発を始め，7月に試作品ができ，9月に新聞発表したところ，今度は大反響だったという。CD互換というコンセプト，物理的に既存のCDプレーヤーにかかるというコンテクストには，消費者から以前の開発と全く異なる価値が認められたのである。

そして，ここで大事なのは，70％の反射率という目標が明確になる，すなわち制約条件が強いがゆえに解決策が絞られたことである。浜田は，「開発プロセスにおいて，解決策が絞られることは，悪いことではない」「その少ない選択肢を本気で追求すれば，意外と早く解決するものだ」と言う。そして，実際三つ程度しかなかった解決策の中から，色素そのもので解決する方法をあきらめ，金の反射膜を用いるという方法により反射率70％を実現したのである。何がなんでも実現するという強い目的意識（コンテクスト創造からの帰結）によってなりふり構わず実現したとも言える。この間，他の大手メーカの技術者は，反射率70％は不可能であるというレポートを一生懸命書く状況であったという。

こうして反響は大きかったが，ビジネスを立ち上げるためには，今暫く，地道なプロモーションが必要であった。1989年にソニーと共同で，利用者がコンテンツを持ち込めばCD-Rを書き込むサービス会社，スタート・ラボを立ち上げ，著作権問題に対して中島が諸方面を説得する等の活動が行わ

---

[27] 音が出る初代のCRDを持って，中島氏に見せに行った時に受けた引導・アドバイス（『必ず役立つ！記録メディア情報満載！！「やっぱりニッポン製」』，光ディスク特集記事特集［メーカ編］太陽誘電株式会社，http://www.nipponsei.jp/j-breakthrough/j-breakthrough-ty001.html ～，2011年9月15日取得）。

れたのである。

　そうした努力の甲斐があり，CD-R は 10 年後には，はじめて 100 億枚を超える製造を達成した記録メディアとなり，CD-R，CD-ROM の世界ができあがったのである。

　こうして生まれた CD-R のコンテクストは，上市後，一般の音楽ユーザーからは「自分達が市販のコンテンツと同じものを作れる」として想定以上に歓迎されるところとなり，またコンピュータ用の用途としては，CD-ROM と同様に書き換え不能なことが，改ざんのない長期保存の可能なメディアとして市場を拓くなど，想定した以上のコンテクストが利用者によって生みだされる大きなイノベーションとなったのである。

(2)　本書固有の視点とイノベーションダイヤグラム
　1)　多様性創出による実現の不確実性の克服

　従来の CD との互換性がない CRD の開発までの実現の不確実性の克服は，浜田の手によって解析的に行われた。解析的に行うとは，比較的知識が豊富な分野について合理的な問題解決を行うか，問題を明確にすると同時に既存の解決手段を導入しそれらを統合するということであるが，浜田らは主に後者の方法を用いた。浜田が，「寄せ集めればよかった」と言うのは，多くの謙遜を含めながらもそれを表しているのであろう。

　これは，一見，「実現の不確実性を多様性の創出で克服する」という本研究の概念と矛盾する。つまり多様性で説明できない事象であるかに見えるが，これも多様性の概念で理解することが可能である。実現の不確実性の克服に何故多様性の創出が必要であるかと言えば，結合が実現するための制約条件や方法が不明であるゆえに，試行錯誤や結果の多様性・冗長性で不確実性を克服する必要があるからである。しかし，この場合のように，全体としては不確実性を有するプロセスであっても，一部に一定の観察が可能である，知識蓄積がある，解決策の蓄積がある場合にはその部分の不確実性は低減できるのである。

　これは，Weick (1979, pp. 188-193, 邦訳, 244-250 頁) に示される「必

142　7章　多様性創出とコンテクスト創造によるイノベーション事例の記述

図7-10　輪郭ゲージ

出所：Micro-Mark製品ホームページ（http://www.micromark.com/5-inch-metal-coutour-gauge,9335.html，2011年9月17日取得）。

要多様性」とその低減の概念として理解可能である。不確実な対象が一定程度でも解析的に把握できれば，それに対応するために必要な多様性は低減できる。複雑・不確実な形状を同定する輪郭ゲージのイメージでこれを示すことができる。

同定対象についての知識が不足していれば不足している（不確実である）ほど，輪郭ゲージは，より細密である必要があるが，その一部でも解析的に計測・予測可能であるならば，その部分の輪郭ゲージは細密である必要性が減ずるのである。

2）　コンテクスト創造による需要の不確実性の克服

本イノベーションにおいて，コンテクスト創造は決定的意味を有している。当初の，CDと外形的に同一でありながら，既存のプレーヤーで再生できないというコンテクストから，互換性があり既存のプレーヤーで再生できるという利用状況，コンテクストに転換したことが本イノベーションの成功を生んだのである。

コンテクストを転換したことにより，需要の不確実性を低減した代わりに実現の不確実性が増加したが，それを多様性創出（技術）で克服したのである。

そして，ここでは，考えられる多様性が限定されているがゆえにそれらを徹底追求することが比較的容易だったのである。具体的には70％の反射率実現にターゲットを絞り込み，従来の平均的発想—色素を改良，見直す方法

から考えれば強引ともいえる金の反射膜塗布という手法をとったことがイノベーションを完成に導いたのである。

3) イノベーションダイヤグラム

以上の経緯をイノベーションダイヤグラムに記述すれば，図示の通りである。当社の総合技術研究所所長の光記録へ参入したいという意図を受けて，浜田が必要な技術要素を調査した結果，要素技術は揃っているとの結論を得た。光記録は，大容量記録の魅力に惹かれ多くの企業が参入していたが，その狙いは各社各様であった。浜田らは，AVカセットテープの次世代型の一つとして，CDと同形状の可搬メディア，しかし技術的な実現可能性から一度だけ書き込め，従来のCDプレーヤーでは再生できず，専用ドライブを必要とするCRDを開発，それをソニー，フィリップスとの標準規格の一つとしたのである。

このコンセプトは，従来のAVカセットを代替するCDサイズのパッケー

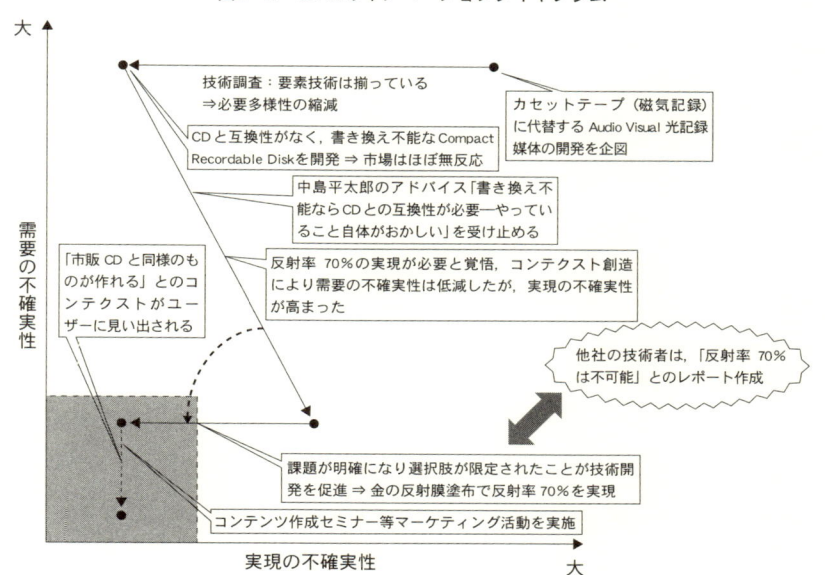

図7-11 CD-Rのイノベーションダイヤグラム

出所：筆者作成。

ジメディアを，既存の要素技術の組み合わせ—確実な方法，必要多様性の低減により実現しようとしたものである。浜田らの学習，応用能力の高さにより，これは比較的容易に実現したが，このコンテクストはユーザーの関心を呼ばなかった。特に既存のCDプレーヤーで再生する，というコンテクストを持たないことが決定的な弱点であった。この点を，デジタル音声技術の草分け的人物である中島平太郎から指摘された。

そこで，浜田らは，既存のプレーヤーで再生できるコンテクストを必須のものと考えた。結果的にこのコンテクストは需要の不確実性を大きく低減するものであったが，そのために，実現の不確実性が高まった。つまり，反射率70％が必須となったのである。つまり，浜田らは需要の不確実性を低減する代わりに実現の不確実性の高まりを一旦受け入れるというトレードオフを選択したのである。ここで，それは無理であることを理論的に証明しようとしていた他社を後目に，浜田らは何がなんでも反射率70％を実現する方法を模索した。そのための選択肢が少なかったことが幸いした。少ない選択肢を本気で追求するしかないからだ。実際，浜田らは，色素そのものを改良するのではなく，三つ程度の選択肢の中から，金の反射膜を塗布する，というやや強引な方法で実現の不確実性を克服したのである。

本事例のように，需要の不確実性を低減するコンテクストを設定し，それによる実現の不確実性の高まりを一旦受容し，多様性の創出によりそれを克服して，コンテクスト創造と多様性創出の相互バランスをコントロールするイノベーション実現の有力な方法論を得ることができる。本書ではコンテクスト創造を梃子に技術力を活かしていると考え，この類型をコンテクスト・レバレッジと呼ぶ。

5.2 CDMA[28]

(1) 時系列記述

クアルコムは，MIT，カルフォルニア大学サンディエゴ校で電子工学，

---

28 稲川哲浩（2006, 132-159頁）。

通信とコンピュータサイエンスを教えていたアーウィン・ジェイコブズ，デジタル符号化公式の「ビタービ・アルゴリズム」で知られる通信工学の権威であるアンドリュー・ビタービ，後に「インターネットの父」と呼ばれるまでになったレン・クラインロックが共に1968年に創立した無線通信を中心とする技術コンサルティング企業「リンカビット」を淵源として，ジェイコブズ，ビタービら7人が1985年に設立した極めて技術志向の高い会社である。

1980年代半ば，米国FCC（Federal Communications Commission）は人工衛星を利用した携帯電話システムを企図した。それに参画しようとした人工衛星システム構築の最大手のヒューズ・グループは，FCCに提案した通信システムの技術開発をクアルコムに委託した。これに応えて，クアルコムは，ユーザーが話をしていない時には，人工衛星の通信キャパシティを使わないのでCDMA（Code Division Multiple Access）方式には非常に大きな優位性があるのではないかと考え，それをシミュレーションで確認し，ヒューズに提案し，様々な関連技術を開発した。

しかし，FCCへ提案した8社の調整がうまく行かず，ヒューズはこの事業から撤回をはかり，クアルコムに委託研究開発の打ち切りを通告した。

それにもかかわらず，クアルコムは進め始めたCDMA方式の開発を中断せず，この方式を地上の一般的な携帯電話に使うことを志向した。CDMA方式は周波数拡散技術を基盤とし，これは通信の秘匿性を高めることに適していたが，地上の携帯電話にこれを使うことは無理と考えるのが当時の常識であった。特に，基地局と端末の距離，ビル陰，高速な移動でのハンドオフ（通信基地局の切り換え）に対応して，出力を綿密に制御することが困難と思われていたのである。その他にもCDMA方式を地上の携帯電話に使うには困難な問題が山積し，しかもそれらが関係しあっていると認識されていたのである。

それでも，クアルコムは，CDMAを捨てなかった。その主たる理由は，地上の携帯電話では，アナログからデジタルに移行し電波の利用効率を10倍高めることを目標としていたが，その実現可能性が最も高い技術がCDMAであると高いレベルの技術者でもある経営者達が判断したからであ

る。

　そしてクアルコムは，3年ほどのうちに，出力制御，ハンドオフ時の問題を解決するソフトハンドオフ，マルチパス（山陰，ビル陰問題等）に関する技術を開発，特許を成立させた。これらは，現在まで3G移動体通信システムの中核をなしている必須技術である。

　こうして，1989年11月，クアルコムは，サンディエゴでCDMAのデモを行うことに成功した。その後，米国では，CDMAを含め六つの方式が標準として採用されたが，最終的に実用化され生き残った規格はCDMAともう一つの方式のみとなった。クアルコムは，その後，CDMA方式とそれを実現する半導体と知財を合わせて提供することで，現在の通信用半導体市場での優位性を構築，維持しているのである。

(2)　本書固有の視点とイノベーションダイヤグラム
　1)　多様性創出による実現の不確実性の克服
　クアルコムは，元々高度な技術者を経営者とする技術者集団であり，解析的な能力による必要多様性の低減と適宜多様性を生みだすことにより，CDMAの基本方式を生みだすことに成功した。しかし，人工衛星による携帯電話の需要が見込まれなくなったため，著しく高まった需要の不確実性を，CDMAを地上の携帯電話に使うというコンテクスト創造により低減しようとした。つまり，技術的には新たな困難を抱えつつも，コンテクストが成立し得る，需要が存在するイノベーションの方向に向かったのである。その結果，技術的な障害，不確実性は高まったが，元々技術志向が高く，技術開発に自信を有するクアルコムは，技術的な困難を選択し需要の確実性を求めるトレードオフを選択したのだと考えることができる。

　そしてクアルコムは，実際に実現の不確実性を見事に技術開発で克服したのであるが，これが，クアルコムでなければしなかったような選択であったことは，クアルコムがCDMAの地上携帯電話転用技術開発の成功を発表しても，なお，携帯電話会社（通信会社，キャリア）がなかなかそれを信用しようとしなかったことにも現れている。

2) コンテクスト創造による需要の不確実性の克服

本イノベーションが成立したのは，人工衛星による携帯電話というコンテクストが瓦解した後に，地上携帯電話というコンテクストを創造したがゆえである。このコンテクストならば需要があることは地上携帯電話の実績から明らかであった。しかし，技術的な実現可能性は，大いに低下，つまり実現の不確実性は大きく増加した。しかし上述したように，このトレードオフは，高度な技術力を保有し，技術的な困難を経営者自らが引き受ける（判断し克服を促進する）ことができるクアルコムならではの選択であったのだ。つまり，高い技術対応力は，コンテクストの選択の幅を拡大する。これにより典型的な多様性の創出とコンテクスト創造の相互作用を活用し，つまりコンテクストの転換をレバレッジとしたイノベーションを実現したのである。

3) イノベーションダイヤグラム

以上の経緯をイノベーションダイヤグラムに記述すれば，図示の通りであ

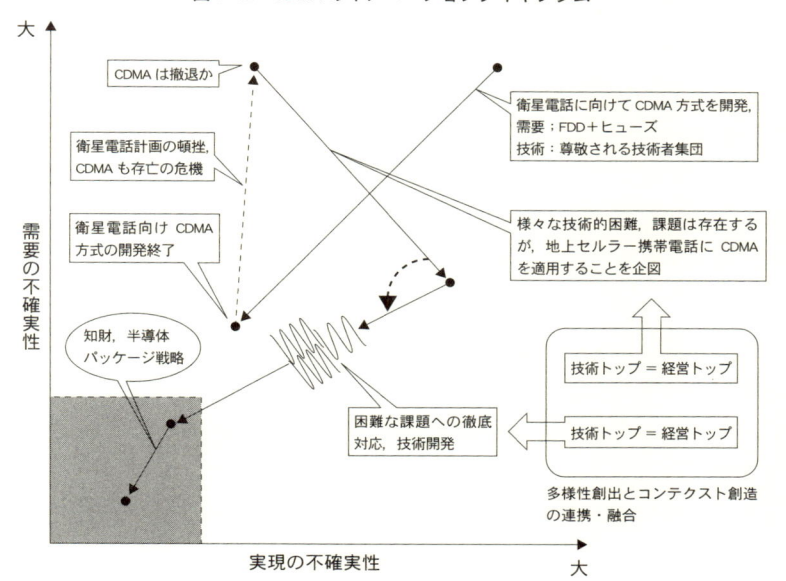

図7-12　CDMAのイノベーションダイヤグラム

出所：筆者作成。

る。CDMA方式は，人工衛星による携帯電話向けに開発した方式であったので，クアルコムでなければ人工衛星の携帯電話計画の頓挫と共にCDMA方式のコンテクストは喪失し，需要が得られなくても当然の状況であった。しかし，クアルコムはその出自からも，経営層の志向からも技術開発には極めて熱心，自信があるとともに何が何でもビジネスを成功させるという気概の両者を持つ企業であったので，CDMA方式を地上の携帯電話に活かすことを考えた。つまり，地上携帯電話というコンテクストを創造したのだ。しかし，CDMA方式にとって，地上携帯電話は，出力中調整，ハンドオフ等極めて困難な技術課題を有していた。つまり，需要の不確実性を低減させることは，実現の不確実性を大いに増加することであったのだ。しかし，クアルコムは，その特長である技術開発力をいかんなく発揮し，それらの技術課題を解決し，CDMA方式を地上携帯電話に実用した。

コンテクストの転換をレバレッジとするイノベーションを実現したのである。

6. コンテクスト・アドプション

6.1 GoogleのAdWords[29]
(1) 時系列記述

Googleは，1997年，画期的な検索サービスとして開始された。Googleと比較するとそれまでのインターネット検索サービスは，遅い，精度が低い，という点でGoogleの優位性は際だっていた。精度は，ユーザーの欲する結果との一致度という意味である。何故Googleの検索が速かったか，それは，それまでの利用者の検索クエリー（問い合わせ）を受けてからキーワードを含むwebページを探索する検索エンジンと違って，Googleは予めwebページを閲覧してまわり（クロール），それをキーワードごとにデータベース化しておき，検索クエリーがあったらそのデータベースを読んで整理し，結果

---
29 NHK取材班（2007, 13-95頁）。

を表示するだけだからである．また，精度が高いのは，予め作成機関の信頼度・重要度等から各 web ページにランキング（ページランキング：重要度）を付与しておき，さらに各 web ページがどのページランキングの web ページからどれだけ参照され（リンクが貼られ）ているかによってそのページの価値を加算して各 web ページのページランキングを算出し，それを検索結果の表示順位に反映させているからである．

　その速さと精度により，Google は検索エンジンサービスにおけるシェアを一気に高め，また他の検索エンジンサービスも Google のサービスの OEM を受け利用者に自分のサービスブランドで提供する，あるいは Google と同様の方法で検索サービスを提供するようになった．

　しかし，Google の検索サービスは非常に優れたものであったが，収益源は，他の検索サービスと同様であった．収益源は二つであり，一つは，検索サービスを利用しようと検索クエリーを入力するために使われる web ページにバナー広告の出稿を受けることであり，もう一つは他の検索サービスブランドへの OEM としての検索エンジン提供である．これらはいずれも現在の Google の収益源に比べれば桁違いに少ない収益しかもたらさなかった．

　現在の Google の主たる収益源は，AdWords 広告からの収入である．AdWords 広告とは，検索するキーワードに関する広告を，検索結果を表示する web ページの上部または左右の"余白"に表示するものである．例えば「印鑑」というキーワードで検索すると，その検索結果以外に，印鑑の通信販売やチェーンの印鑑屋の広告が表示されるのである．元々印鑑を検索した人の中で印鑑を購入しようと考えている人の割合は，他の web ページを閲覧している人の中での割合より遥かに高いから，その広告がクリックされ，さらにはその店舗から印鑑が購入される確率も他の広告・宣伝方法より極めて高くなる．また，テレビメディア等に比べて，web ページへの広告は低コストで実現できるため，AdWords 広告は，従来の様々なメディアによる広告・宣伝に比べ，極めて費用対効果の高い方法である．

この検索キーワードに合わせた広告を出稿する方式は，Google のオリジナルアイデアではなく，元々は現在の Yahoo 広告を支えているオーバーチュアの創立者であるビル・グロスが 1998 年に発表した「ペイドサーチ」がオリジナルとされている[30]。

2001 年に Google はその広告方法を同社の検索サービスに取り入れ，AdWords 広告を開始した。すると，ほどなく前述した検索サービス自体の優位性を背景に，Google AdWords は Google の主要収入源となったのである。

なお，Google は，一定以上のクリックがあるとその AdWords 広告の表示を停止し，出稿者に思わぬ出費が発生しないような制限を設定，広告価格は出稿希望者のオークションで決定する等，使い勝手の工夫を加え，きめ細かな改良を付け加えている。

(2) 本書モデル固有の視点とイノベーションダイヤグラム
 1) 多様性創出による実現の不確実性の克服

Google がクロールとページランキングを主要な特徴とする検索エンジンを実現した際，そのブレークスルーのポイントとなったのは，クロールとページランキングという技術的手法自体の企図にあったと考えられる。

なお，一旦この企図を定立すれば，その実現手法は必ずしも不確実でなく，解析的・演繹的な方法で確実に実現可能であるから，ここでの実現の不確実性の克服は，広義の多様性の創出，すなわち必要多様性の低減によって行われたと考えられる。

 2) コンテクスト創造による需要の不確実性の克服

はじめに，ここでの需要の考え方を拡張しておこう。Google はサービス開始直後より速さと精度により，多くのサービス利用者を獲得することができた。しかし，サービスの利用者から課金することは容易でなく，Google にとっての課題は，サービスの長所・価値を確実に収益に結びつける収益獲得方法，すなわちビジネスモデルを構築することであった。

---

30 読売 AD レポート（http://adv.yomiuri.co.jp/ojo/02number/200612/12toku3.html，2011 年 9 月 17 日取得）．

その後，Googleは，このサービスが需要・価値を生み収益を獲得するコンテクストとして，「検索のキーワードに応じた広告」を見い出すことに成功した。これは，Googleのオリジナルなアイデアではなかったが，このコンテクストを素直に自らの結合（検索サービス）の価値を収益に顕在化するものとして積極的に受け入れたのである。そして，さらにはそのコンテクスト自体をその結合に取り込んだのである。つまり，検索サービスの検索結果の表示画面に，オークションの順位に応じて，当該検索キーワードの出稿者の広告を表示したのだ。

筆者はこのGoogleのイノベーションモデルをコンテクスト・アドプションと呼び，アドプション（adoption，採択）に二重の意味をこめている。第一に他者が創造したコンテクストを柔軟に取り入れているからであり，第二にそのコンテクストを結合に取り込んでいるからである。

筆者は，コンテクストを柔軟にアドプションすることが，いわゆるビジネスモデルのイノベーションにおいて，重要な役割を果たすことがあることを認識する意義があると考える。

コンテクストは，一般に結合の実現プロセスに比べ，外部から見えやすいので，その設定の模倣が容易である。

それゆえに，コンテクストの設定それ自体のみでは差別化が困難となることが多い。その場合には，コンテクストとの整合を高める結合のもっている技術的洗練や顧客への利便性の高さが総合的なイノベーションの成否の主要因となる。Googleの例で言えば，速度，精度という検索の本質において優れていたからこそ，オリジナルでないコンテクストをアドプションして，イノベーションが成立した。

すなわち，技術・本質の勝負ゆえに妥当なコンテクストの取り込みが功を奏するというパラドキシカルな帰結となる。したがって，技術（実現）志向の企業にとっては，潜在的機会であり同時に盲点となりやすいのがコンテクスト・アドプション型のイノベーションである。

3) イノベーションダイヤグラム

以上の経緯をイノベーションダイヤグラムにすれば，図示の通りである。

152　7章　多様性創出とコンテクスト創造によるイノベーション事例の記述

図 7-13　Google AdWords のイノベーションダイヤグラム

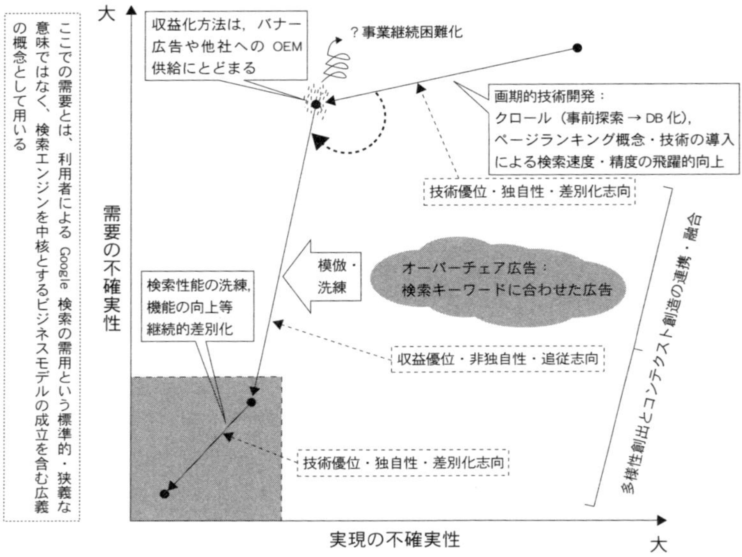

[図：縦軸「需要の不確実性」、横軸「実現の不確実性」の二次元平面上にGoogle AdWordsのイノベーション過程を示したダイヤグラム。主な要素：
- 「収益化方法は，バナー広告や他社への OEM 供給にとどまる」
- 「?事業継続困難化」
- 「画期的技術開発：クロール（事前探索→DB化），ページランキング概念・技術の導入による検索速度・精度の飛躍的向上」
- 「技術優位・独自性・差別化志向」
- 「模倣・洗練」
- 「オーバーチュア広告：検索キーワードに合わせた広告」
- 「検索性能の洗練，機能の向上等継続的差別化」
- 「収益優位・非独自性・追従志向」
- 「技術優位・独自性・差別化志向」
- 左側注記：「ここでの需要とは，利用者によるGoogle検索の需用という標準的・狭義の意味ではなく，検索エンジンを中核とするビジネスモデルの成立を含む広義の概念として用いる」
- 右側注記：「多様性創出とコンテクスト創造の連携・融合」]

出所：筆者作成。

Googleはクロール，ページランキングという画期的な技術的手法の企図によって検索サービスの速度，精度を大幅に向上したが，収益化方法としては，既存のバナー広告やOEM提供にとどまり，AdWords広告導入のイノベーションがなければ，事業の継続が困難，あるいは少なくとも今日の経営的隆盛には至っていない。しかし，この段階で，オーバーチュアが生みだした広告方式，すなわち，検索サービスを「検索キーワードに合わせた広告」というコンテクストにおくことを取り込み（第一のアドプション），それを検索サービスの表示画面に取り込む（第二のアドプション）という二重のコンテクスト・アドプションの結果，今日の巨大な収入源を獲得するに至ったのである。

なお，このイノベーションが実現できた背景として，Googleが二人の創業者の特性にもより，そもそも技術優位・独自性・差別化志向の企業であり，高速，高精度な検索サービスを開発（実現）する志向を持つ一方，他社が生

みだした広告方式（コンテクスト）を受け入れる，収益志向・非独自性・追従志向をも持っていることに留意しておくべきである。技術を大切にするがゆえに次の技術開発のための収益を確保する，しかしそれは決して収益至上主義ではなく，次の技術志向に結実する，という循環を見ることができる。

7. まとめ：本書モデルの記述力と示唆事項

以上の事例記述を踏まえて本書モデルの記述力：非連続的イノベーションの成立を「知識蓄積―結合―価値抽出」の実態モデルで把握し，当該イノベーションの困難さは「結合の不確実性」と「需要の不確実性」によるものであると理解し，前者の克服のために「多様性創出」，後者の克服のために「コンテクスト創造」の論理を適用すべきであることからイノベーションの論理モデルとして「不確実性―多様性創出―コンテクスト創造」を定立してイノベーションを記述，理解することの可能性，妥当性，意義を確認する。

合わせて，本書モデルによってイノベーション事例を記述，解釈することで得られるイノベーション促進に関する示唆事項を抽出しておこう。

7.1 真セレンディピティのイノベーションに関して

ペニシリン，導電性ポリマーの二事例で確認した真セレンディピティのイノベーションに関しては，本書の解釈でその理解が大いに進んだと考える。従来は，「思ってもみなかったことを偶然に発見できること」[31]と本質的ではあるがやや概括的に理解されていたイノベーションのプロセスを，「結合の不確実性の克服プロセス」と「需要の不確実性の克服プロセス」の二段階と理解し，そのいずれにも偶然・想定外の事象による多様化創出とコンテクスト創造が，重要な役割を果たしていることを端的に把握できたからである。

さらには，真セレンディピティにおいても，ペニシリンのように実現の不確実性の克服とほぼ同時に需要の不確実性の克服が一個人の中で成し遂げら

31　丹羽清（2006, 199頁）。

れる場合と，導電性ポリマーのように前者から少し時間をおいて，別の個人・組織によって後者が成し遂げられる場合があること等が端的に識別できるようになった。

さらに，本書モデルにより，イノベーションを段階的に見て，フレミングが偶発的に得られた結合の意義を見落とさなかったこと，また一瞬にしてコンテクスト創造に至ったことに関しては，自ら敷いた伏線があること等を理解し得た。

発見や気付きの伏線を，「体験の重視，強い興味・動機付けの高揚」等を通じて，意識的に敷くことにより，眼前に真セレンディピティの機会が訪れている際に，それを見落とさず洞察する能力を高めるための方法論の開発の可能性を見い出したと考える。

7.2 擬セレンディピティのイノベーションに関して

トランジスターと高分子質量測定法の二事例で確認した擬セレンディピティのイノベーションに関しても，従来に比べ，その特定方法・理解を深めることができたと考える。従来は「追い求めていたことを偶然に発見できること」[32]と本質を把握しつつも，その前提条件や，いかなる特性をもったイノベーションを目指すときにそれが有効なのか等が，必ずしも明確ではなかったが，それらについて，従来より明確に述べられるようになったと考える。

まず，このタイプのイノベーションは，そもそも企図された目的・目標（コンテクスト）が従来の発想から比べれば大いに野心的，あるいは専門家から見て非常識，しかしそれが実現できれば大きな価値がある，需要が存在する可能性が高いという特徴を有する。全米で24時間安定的に稼働するような電話網ができれば，その需要は相当高いと見込まれる，あるいは，生体高分子の分子量が測定できれば，物質の同定，精製等の点から医療，医薬の分野等で高い需要を有することはほぼ確実であった[33]。

---

32 同前，同頁。
33 もっとも，こうして事後から見れば，その需要・価値の存在が極めて当然であった事例に↗

7. まとめ：本書モデルの記述力と示唆事項

しかし，一方，このイノベーションを実現することは極めて困難あるいは，ほぼ不可能と見られるように，技術的な実現の不確実性が高いタイプのイノベーションである。

こうした特性のもとで，極めて野心的な目標であるがゆえに，時に有能な技術者（集団）がそれに，我を忘れて没頭する，仮説を生んでは，試行錯誤する。そして，まれに見る偶然を契機とする多様性の創出により，実現の不確実性を克服する。それは科学技術の偉大な成果として，その後ほどなく，大いなる需要をもつコンテクストに合致することが広く認識される。これが擬セレンディピティである。

以上の性格を踏まえ，擬セレンディピティは，時に「狙って実現できる」イノベーション[34]である。特に，困難だが飛躍的な技術開発を目指す野心を持ち，それを科学技術的価値，新規性にとどまらせず，本書でのイノベーションとして実現したい際に，擬セレンディピティを狙うことは有効である。

そのためには，まず徹底的に「このコンテクストを満たす結合があればそれは確実，巨大な需要を生むだろう」というコンテクスト，需要環境を創造，想定する必要がある。コンテクストが現状に比し野心的であるほど画期的なイノベーションとなる。そうしたコンテクストを創造した上で，そのコンテクストに完璧に整合する結合の実現に邁進するのである。その際に，画期的な技術開発を目指すのであるから，簡単には諦めない動機付けを持ち，次々と仮説を生み，試行錯誤し（実験・シミュレーションを含む），結果を解析できる個人またはチームが存在する必要がある。加えて必要なのは時間である。そのためには，それに専念するためのトップの後押し，組織の意思決定によるテーマ設定，あるいはマルチテーマとしてそれを実行するための主テーマによる成果の確保等様々な工夫が必要であろう。

\においても，事前にはそれが多数意見でなく，その認識が慧眼であったことは多々存在する。2章1.3参照。

34 2010年日本経営学会84回大会におけるセレンディピティに関する筆者の研究報告に対して，京都大学前川佳一准教授から「真セレンディピティを狙うのはその定義に反する行為であるが，擬セレンディピティは大きなイノベーションの機会として時に大いに狙え，と教授している」とのコメントをいただいた。

156　7章　多様性創出とコンテクスト創造によるイノベーション事例の記述

　その上で，偶然の暁光にもより，実現の不確実性が克服できた際にそれを見逃さない洞察力が必須である。それは，トランジスターの場合「飽くなき仮説・実験・観察・測定」，高分子質量測定法の場合「実験・観察・測定・感覚の先鋭化，捨てない精神」，ペニシリン[35]の場合「遊び心にも由来する飽くなき実験・観察，捨てない精神」，導電性ポリマーの場合「失敗からも学ぶための解析的精神の徹底」等の賜物であった。擬セレンディピティを目指すものは，偶然・幸運を待つのではなく，自らの専門性を磨き多様性を生み続け，かつ偶然の多様性を見落とさない洞察心を養い続ける必要がある。

　技術に自信がある，飽くなき試行錯誤の自信がある，という日本企業にとって，意識化してみるべき[36]イノベーション類型であると考える。

7.3　コンテクスト・コンバージョンのイノベーションに関して

　ウォークマン，ポストイット，インテルのMPU企業化の三事例でも本書のモデルにより統一的にその構造と進捗の記述が可能であることが確認できた。

　それにより，ウォークマンやポストイットの事例をいかに理解すべきであるかの考え方を明らかにし得た。両者共，本書のモデルで言えば，偶発的な多様性創出と意図的なコンテクスト創造によって成立したイノベーションであることから，これらをセレンディピティ事例とする理解[37]も可能であるが，本書では，次の二点を重視してこれをコンテクスト・コンバージョンと類型化して理解した。

　第一に，トランジスター，高分子質量測定法に代表される擬セレンディピティとは「多様性の創出」と「コンテクスト創造」の生起した順番が異なっ

35　擬セレンディピティの場合における見逃さない能力は，真セレンディピティの場合のそれと重なるところが多いので併記する。
36　組織内の取り組みとしては，より確率の高いイノベーションとのポートフォリオが必要であろう。
37　例えば，宮永博史（2006, 16-18頁）。筆者も従来こう理解して来た。現在でも，セレンディピティの一般的定義に照らしてこの理解も成立すると考える。しかし，トランジスターや高分子質量測定法とは異なる特徴を重視して，コンテクスト・コンバージョンと理解・類型化する意味があると考える。

ている。トランジスター，高分子質量測定法では，そのイノベーション（研究）の企図として想定されたコンテクストを満たす通りの結合が多様性創出により実現された。そこからあらためてコンテクスト創造，需要の確認ということはほぼ必要なかった。つまり，順番を示せば，「結果から見て極めて妥当で野心的であったコンテクスト創造」→「偶発性も作用した多様性の創出による極めて画期的な結合の実現」である。これに対して，ウォークマン，ポストイットでは，はじめにそのイノベーションに関する明確な組織的・経営的な企図・コンテクスト創造があったのではなく，まず偶発的に，結合が生起したのである。録音できない"テープレコーダー"，すぐ剥がれる"糊"これらの「実現」が先にあり，それに対して，優れた洞察により画期的なコンテクストが創造され，需要が想定され，そして結合の微修正やコンテクストに合わせた開発が行われることにより，イノベーションが成立した。順番を示せば，「偶発的な多様性による結合の実現」→「優れた洞察力によるコンテクスト創造」となっている。

　第二に，トランジスターや高分子質量測定法は，実現の困難さが主に技術的な困難さに由来し，偶発性も作用してそれを克服した類型であるが，ウォークマン，ポストイットでは，実現の困難さは「そもそもその実現を企図することが考えにくい」ことに由来し，技術的困難，両者の実現の困難さは性格が大きく異なるからである。

　以上のように，本書のモデルで理解することにより，ウォークマンやポストイットのイノベーションが，トランジスターや高分子質量測定法とは性格の異なるイノベーションであることが理解し得ると同時に，逆にこれらがインテルのMPU企業化の事例とは相当の類似性があることが認識できた。つまり，インテルのMPU企業化は，事業や企業というより大きな構造の次元においてではあるが，まず，必ずしもインテルの企図した多様性創造によらない偶発性も含む多くの要因により，MPUで競争力を有する企業，MPUで収益をあげる企業というインテルの実態，結合が実現していた。このイノベーションにおいて大きな障害となったのは，その実態，結合の実現・存在を自らのアイデンティティとして受け入れる内的コンテクストの創造だっ

た．偶然もあいまって実現していた結合，技術の種，技術パッケージ，事業構造等の対象に，それを機会として認識し，それが活かせるコンテクストを生みだせるかどうかが，このコンテクスト・コンバージョン類型のイノベーションに共通する課題なのである．

　以上のように本書のモデルでコンテクスト・コンバージョンの類型のイノベーションを理解すると，このタイプのイノベーションを促進する方法が見えてくる．社内にある，要素技術や既存商品，あるいはそこから派生した失敗を簡単には捨てないで，それを活かせるコンテクストはないか，と考えることである．それを組織的に習慣化，あるいは，それをテーマとした開発会議等を実施することである．あるいは，失敗を含む社内の様々な資源に関するデータベースを構築，それに関するメーリングリスト等の手段が有効となる．簡単には捨てない企業としての3M，様々な社内シーズについて語り合うメーリングリストが存在するGoogle，これらの企業は，セレンディピティやコンテクスト・コンバージョンのイノベーションを積極的に促進する組織特性を有している．

　これらの企業の存在，そしてインテルのMPU企業化の事例は，「戦略的思考」という概念を深耕するための大きな手がかりを与えているとも考える．コンテクスト・コンバージョンの事例は，戦略的思考とは，単純な主体的目的思考ではなく，「受容し，柔軟に現実認識を深め，積極的に機会発見を求める動的・可塑的なプロセス」を含むものに拡張されるべきであることを示唆している．

　インテルのグローブは，戦略の混乱期に，その混乱に抗するのではなく混乱の中で実験し学ぶべきことを次のように表現している（Andrew S. Grove, 1996, p. 121，邦訳，143-144頁）．「カオスに統治させよう．解決は実験から生まれる．殻を破ることから新たな発想が生まれる」．

7.4　コンテクスト・レバレッジのイノベーションに関して

　CD-R，CDMA方式のコンテクスト・レバレッジの事例についても，本書のモデルで，イノベーションの実現におけるトレードオフやその狭義の態

様としての用途転換の意義が明瞭に理解し得ることを示し得た。

　CD-R のイノベーションにおいては，需要が見込まれない結合に対し，コンテクストを転換し（CD との互換性具備），一旦実現の不確実性を高め，それを絞り込んだ技術開発で克服してイノベーションが成立した（実現と需要の両立）。CDMA のイノベーションは，一旦需要が存在すると見込まれた人工衛星による携帯電話計画のコンテクストがその計画の頓挫により成立しなくなったため，地上の携帯電話に CDMA 方式のコンテクストを転換することにより再度需要を生みだした事例である。これは，本書のモデル，分析フレームで見れば，単に用途を転換したということではなく，需要は存在するが実現が困難なコンテクストを創造し，高まった実現の不確実性を，強みである技術開発で克服したのである。

　いずれの事例においても，需要を確保するコンテクストを求め，実現の不確実性が高まることを厭わず，そのトレードオフを選択し，機会として活かしたイノベーションであると理解できる。この場合，高まった実現の不確実性を技術力で克服し得たということも重要であるが，イノベーションの遂行にあたり，こうしたトレードオフを選択することにより成功への新たな可能性が拓けることを認識したことに大きな意義があると考える。

7.5　コンテクスト・アドプションのイノベーションに関して

　Google の AdWords のコンテクスト・アドプションの事例も，本書のモデルにより，その構造と進捗を適切に把握できた。この事例においては，ビジネスモデルが成立する，収益源が確保できる，という意味で，結合をどのコンテクストにおくか，そのコンテクストの設定が重要であることを確認した。他者が開発したコンテクストであったとしてもそれを適切に取り込み，さらに，そのコンテクストを結合に取り込むことにより，元々の結合が持っていた価値（この場合は，速度・精度）が顕在化し，強固なビジネスモデルが成立するイノベーションが実現した。つまり元々の強みに加え，適切なコンテクストを二重に取り込む（adoption）ことがこのイノベーションの成功要因であった。

ハードウエアとコンテンツ，マーケット，決済機能等を結合する類型のビジネスモデルイノベーションの多くが本事例と同様の構造，展開として把握できよう．

すなわち，ある製品やサービスにおいて，収益源が確立し得ない際に，その結合の内部に相当の価値があることを前提としつつ，それを取り巻くコンテクストとしての，コンテンツ，マーケット，決済機能等を視野に入れ，得失を見極めながらそれを結合に取り込むことにより，イノベーションが成立し得るかを検討する意義がある．

8章
考察のまとめ

1. 本書での検討によるイノベーションの理解に関する示唆

1.1 イノベーションの不確実性の克服に関する理解

「はじめに」に記したように，本書のテーマは，「実現」と「価値」をキーワードとして，イノベーションとはいかなるプロセスであるのか，そのブラックボックスを理解するモデル（認識フレーム）を見い出して，イノベーションを幾分なりとも理解・記述可能とし，それによってイノベーションをできるだけ操作可能として，イノベーション促進の手がかりを得ることであった。

その目的に照らして，本書の検討で得られた最も基本的な認識フレームは，イノベーションの理解に関わる「イノベーションの実態モデル」と「イノベーションの論理モデル」である。イノベーションの実態モデルは，イノベーションのプロセスにおける実態的活動を「知識蓄積」，「結合」，「価値抽出」とモデル化して理解するものである。これは，極めてプリミティブな認識である「イノベーション＝経済的な価値を有する革新的な結合」が実現されるためには，結合要素（知識蓄積），結合，価値抽出がなされなければならないということそのものである。

その上で，本書で対象とする非連続的イノベーションに随伴する予測不能，計画不能性，つまり不確実性が大きく二つに分けて捉えられることを提示した。それは，「実現の不確実性」と「需要の不確実性」である。

ここで，実現の不確実性と需要の不確実性の性格を考察し，それぞれの克服のためには，多様性の創出とコンテクスト創造が必要・有効であることを

示した。

　実現の不確実性には，どの結果であれば実現できるのかが不明であるという結果の不確実性といかにすれば実現できるのかという方法の不確実性の二側面が存在するが，結果の冗長性と方法における試行錯誤を内容とする多様性の創出がそれらを克服する論理として機能する。高い不確実性，つまり出発点での観察や予測に基づく解析が困難な状況で，結果が実現できるための成立条件・制約条件への適応には，一定の結果の冗長性が必要となる。

　一方，方法の不確実性には，試行錯誤を通じて，必要な多様性（冗長性）の削減と試行錯誤・多様性の創出の効率化につながる学習，そのプロセスに関するメタ学習が進む。

　こうして，多様性の創出が実現の不確実性を克服する論理となる。

　需要の不確実性を克服するにあたって，その不確実性を淵源に遡れば，結局，非連続的（未知の）イノベーションにおいては，その結合がおかれるべきコンテクストが不明，未知であることに行き着く。コンテクストとは，結合の価値を認識・抽出するためにそれと関係付けるべき結合の外部環境―結合を取り巻く状況，できごと，情報等の総体である。需要の不確実性の克服のためにコンテクストが必要となる本質的理由は，結合はその内部に価値があるのではなく[1]，外部との関係において，究極的には，人間の認識において価値が付与されるからである。つまるところ，その認識が付与される際に結合のおかれる環境の総体としてのコンテクストを創造することが，需要の不確実性を克服することになる由縁である。もちろん，このコンテクストはそれを創造する主体（個人・組織）によって異なり，そこにこそ創造の意義が存在することになる。

1.2　多様性の創出に関する示唆

　多様性の創出に関する検討においては，はじめに，多様性の意義検討の重要視点として次の二点を設定した。

---

[1] 科学・技術的に高度・困難・希少な結合であろうとも，それに利用者から見ての価値があるとは限らない。

① 試行錯誤とその前提となる知識蓄積，そのプロセスで行われる学習
② 結合主体とその組織

その上で，多様性と生存，多様性と創造性，多様性と試行錯誤等に関する既存研究を検討し，多様性の意義を確認した。

(1) 多様性の意義

上記①に関し，濱崎と丹羽（2007，408-411頁），板谷と丹羽（2005，553-556頁），山崎（1999，232-235頁）の現場技術者，あるいはその活動を直接の研究対象とした研究によれば，いずれも，不確実性の高い状況においては試行錯誤を積極活用すべきこと，せざるを得ないこと，さらには一般的な試行錯誤プロセスすら踏めないほど不確実性が高い場合には，部分的な試行錯誤を実施すべきであるとまで試行錯誤の意義を認めている。

以上の先行研究は，不確実性の高い研究開発のフロンティアにおける試行錯誤の重要性を示したものであるが，その理由が述べられていない。したがって，本書の論理でその理由を，試行錯誤と学習による「必要多様性の低減」と「多様性創出の効率化」であると仮説的に提言する意味があると考える。

上記②に関し，Pelz & Andrews（1966, p. 59, 75, 140, 151，邦訳，78，95，176，190頁）は研究者（個人）の活動に多様性がある方が，高い業績をあげることを示した。また，多様性があるチームの方がそこに属する研究者が高い業績をあげることを示した。また，矢野正晴（高橋伸夫編著，1999，155-176頁）は，ある日本の研究開発組織におけるチームの独創性は，属するメンバーやリーダー個人の独創性（の和）とは相関がなく，チームに存在する多様性と異質性を取り込もうとするリーダーのチーム・マネジメントと相関が高いという結論を示した。

この結果は，結合主体の多様性が結合の多様性を生みそれが結合の実現を促進するという因果関係を提示するものではないが，本書の仮説である「多様性創出が実現の不確実性を克服する」と整合的な結論となっている。

(2) 多様性創出と活用に関する考え方

多様性の創出方法として，本書では，研究者・技術者が複数テーマに携わること及び，特にニッチビジネス等を念頭において，マーケットテストを前提とした冗長性の許容を提言した。イノベーションの実現において，一定の多産多死を許容，必要とする考え方である。

加えて，非意図的な多様性も活用すべきであることを提言した。セレンディピティ，幸運も作用したペニシリンの発見，トランジスターの発明等の偉大な科学・技術イノベーションは非意図的な多様性が，「実現」の重要な契機となっている。また，偉大な科学・技術のイノベーションに限らず，ポストイットの発明やインテルのMPU企業化等の製品・事業，企業のイノベーションでも非意図的な多様性による「実現」が重要な役割を果たしている。

1.3 コンテクストの創造に関する示唆

はじめに従来のMOTの議論において，コンテクスト創造の必要性の前提と考える価値の評価・抽出が，ほぼ議論の枠外であったことを確認した（4章1.1）。MOTはイノベーションの方法論の一部を担いつつ，それは，基本的に技術の活用という視点の範囲内に限定されているからであると考えられる。ただし，現在の日本企業におけるイノベーションを真摯に検討する出川通（2004, 13-18頁），藤末健三（2005, 343-350頁）らのMOT論においては，今後MOTの議論をマーケティングや販売とさらに結びつけていくべきことが示唆されている。

続いて，近時の技術経営論とマーケティング論の系譜の中に本書の立場から参考となる考え方がいくつか現れ始めているので，それらを検討した。

(1) 価値づくりの技術経営論と機会形成プロセス論との比較検討からの示唆

延岡健太郎（2010, 6-19頁）の技術経営論は，近時価値づくりの重要性が高まっている等，本書と類似の問題意識のもとに，価値づくりを説明している。ものづくりは機能的価値を生み，それに競争による優位性及び，顧客

1. 本書での検討によるイノベーションの理解に関する示唆　165

との複雑な関係により定まる意味的価値を加えることの全体を価値づくりとしている。

本書の考え方との詳細な異同は4章1.2に譲るが，そもそも延岡の議論は，イノベーションのプロセスを明らかにするために価値づくりを説明しようとしたものではないことと，ものづくりのプロセスを機能的価値が生ずるまでの段階と考える点で，本書のモデルとは異なっている。繰り返しになるが，本書では結合のプロセスまでは，本書で考えるイノベーションとしての価値の存否とは無相関と考えている。どんなに，困難・希少な結合を実現したとしても，イノベーションとしての価値・需要が存在するとは限らないと考える。

以上は，延岡の議論との違いであるが，本書と延岡の議論が類似しており，本書のモデルを間接的に支持すると考えられる延岡の議論は，「ものづくりと社会との接点における複雑な相互作用として」価値が生まれるとすることである。この内容の全てではないが，本書で考えるコンテクスト創造は，延岡が包括的に語っている「相互作用」の内容の一部を明らかにし得ると考える。そして，それらはいずれもイノベーションがある実態（製品，サービス，事業等）と外部との関係で価値を持つという認識の共通軸を有すると考える。

次に石井正道（2010，1–39頁）の非連続的イノベーションにおける機会形成論と本書の議論の関係をまとめよう（詳細は4章1.3参照）。はじめに，機会形成を「発明に対する市場の発見」としている点から，機会形成の概念は，本書のコンテクスト創造と大きく重なる概念であることが確認できる。その上で，石井は，機会形成が機会形成者の事前知識に多く依存することを示している。加えて，長い学習を伴う機会形成（機会創造）においては，機会のヒントに気付いた後の試行錯誤による学習が大事だとしている。これは機会形成が単に受動的な発見ではなく創造的プロセス，コンテクスト創造と捉えられる能動的活動と考えれば，極めて説得的である。コンテクストを生みだすことは，創造活動であるがゆえにその主体の既存知識や試行錯誤プロセスでの学習内容に大きく影響を受けるからである。

さらに石井が，学習を伴う機会発見が非連続的イノベーションの戦略的マ

ネジメントにとって重要であると考えていることは，本書がイノベーションの核心の一つをコンテクスト創造と考えていることと符合する問題意識であると考える。

(2) イノベーション研究の泰斗からの示唆

野中郁次郎（野中，1996，93頁）らの組織的創造論のアプローチ，Christensen（1997）のイノベーションのジレンマ，Drucker（1985, p. 30-36, 邦訳，8-44頁）のイノベーションの七つの機会論は，いずれもイノベーションの重要な，少なくとも一つの核心が，認識のフレームワークの転換・創造，妥当な設定，つまり本書で考えるコンテクスト創造が目的とするところにあることを示している。つまり，いずれの研究も本書で需要の不確実性を克服するためにコンテクスト創造を考えることの意義と整合しているのである（詳細は，4章1.4～1.6）。

(3) 洞察の一形態としてのコンテクスト創造の方法論へのアプローチ

コンテクスト創造の具体的な方法論は，主として今後の課題であるが，本書では，それが「見え難い本質を見抜く洞察の一態様」であると考えられることから，次の四通りのアプローチを仮説的に提言した。

① 洞察の阻害要因を除去する能動的方法
② 洞察の阻害要因が除去されていることに気付く受動的方法
③ 伏線と観察を契機とする謎解き
④ 強い制約下での探索による方法

1.4 イノベーション事例の記述からの示唆

(1) 本書モデルの記述力

本書で類型化したいずれのイノベーション類型においても，本書モデルによって，そのイノベーションの構造と進捗が，従来に比べ明瞭に把握・記述できることが確認できた（7章）。真セレンディピティと擬セレンディピティの特徴の把握，あるいはそれぞれの類型内部における，多様性の創出とコン

テクストの創造の時間軸上の展開やそれぞれの主体の差異による特徴の把握等，従来困難であった理解が容易となった。

特に，擬セレンディピティとコンテクスト・コンバージョンについては，従来その性格が大きく異なるものの何をその識別基準とし得るのかの把握が困難であったが，本書モデルでそれが明確になった。

また，コンテクスト・レバレッジについては，実現の不確実性と需要の不確実性のトレードオフの選択問題であることを明らかにした。

さらに，コンテクスト・アドプションにおいては，現在重要となることの多いビジネスモデル構築のイノベーションの理解を明瞭にした。

以上から，本書モデルが持つイノベーションの記述力は，それを導入するに値する意義を有していると考える。

(2) イノベーションの実現・促進への示唆事項

本書モデルに依拠した事例の理解を通じて，イノベーションの実現・促進について，特に次の点を明らかにすることができた。

① 真セレンディピティや擬セレンディピティにつながる「偶発的な多様性創出による実現」，「想定外のコンテクスト創造による価値の確保」の可能性を高め，それを見落とさず，把握するためには，いくつかの方法論が存在する。

　第一に，多様性の創出により，必要とする結合を得るための方法である。それは，多様な仮説を生む専門性と異質性の混在するチーム，簡単には諦めず，執拗な試行錯誤を生む強い目的志向・動機付け，対象が好きであること，対象に関わる実験が好きであること等である。

　第二に，偶発的に得られた結合やそこに付随する想定外のコンテクストを見落とさないための方法である。それは，体験の意味の反芻，体験を通じた感覚の先鋭化，強い興味・動機付け，簡単には捨てない執念，もったいないと思う心的傾向，失敗をも解析する精神の徹底，得られた結果を深く解析できる専門性等である。

② 技術志向による画期的イノベーションの実現には，一見パラドキシカ

ルなアプローチが有効である。

　すなわち，トランジスター等の擬セレンディピティのイノベーション類型を意図的に実行するアプローチが有効である。まず，ある技術分野の先駆的な研究・開発の野心・自信を背景に，それが実現すれば，確実に需要が存在すると思えるような強固なコンテクストを模索する。これは，個人の作業でなく，視野の広い研究管理，研究企画の専門家等の共同作業が望ましいこともあろう。いずれにしても，「世界はここに当てはまる結合を熱望している」と思えるコンテクストを創造することが重要である。

　その上で，そのコンテクストに当てはまる結合の実現に邁進する。その際には，一般の研究・開発の専門能力に加え，①に示したセレンディピティにつながる方法論を意識することが重要である。また，一定の時間，人生の投入が必要であろう。

　多くの画期的な技術中心のイノベーションは，こうしたプロセスを踏まえて擬セレンディピティとして生まれる。

　　トランジスター，トンネルダイオード[2]，カーボンナノチューブ[3]に続く巨大なイノベーションを期待することができる。

③　既にある結合に注目する意義。既にある，偶然遭遇した結合（技術要素，失敗製品や失敗事業，思わぬできごと等）に価値が隠れていることがある。失敗，奇異な製品・事業，受け入れ難い現実，それを簡単に捨てないことが大きなイノベーションを生むことがある。それらの結合を活かせるコンテクストはないであろうか，それは本当に単なる失敗であろうか。様々な視点から，時をかけてそれを眺めてみよう。コンテクストを創造しよう。どこにおけばそれは映えるであろうか。こうしたプロセスを経て，ウォークマン，ポストイットが生まれ，インテルがMPU企業として世界最大の半導体企業となった。認識力によるイノベーションである。

2　江崎玲於奈（2007, 65-69頁）。
3　篠原久典（2007, 31-54頁）。

④ 実現の不確実性と需要の不確実性を交換しよう。コンテクストを少し変更すれば需要の不確実性は低下しないだろうか。実現の不確実性は高まってもかまわない。むしろそれを技術力発揮の機会と捉えられないだろうか。特に技術に自信がある企業にとって，これは他者にない機会の生成と捉えられないだろうか。CD-R や CDMA 方式のイノベーションはこうして実現した。

⑤ 製品，サービスに一定の価値・魅力はあるのに，収益力が不足しているとき，その結合をおくコンテクストを再創造してみよう。特に，コンテンツ，マーケット，決済等のコンテクストを想定すると収益が確保できないだろうか。そうであれば，それを結合に取り込んでいこう。近時の多くのビジネスモデルはこの類型として生まれている。

2. イノベーション活性化のための組織マネジメントへの提言

2.1 多様性創出とコンテクスト創造の前提条件の整備

(1) 収益・資金の確保

現有事業のイノベーション，あるいは次の事業に向けたイノベーションのためには，現有事業を維持，改善・改良するだけでなく，多様性の創出が必要である。

そして，多様性創出のための投資は，短期的には現有事業の効率化にむけた投資よりリスクが高い。不確実性を克服するための投資だからである。一定の不確実性を前提としなければならない。

また，イノベーションを行う際，先に示した多様性創出やコンテクスト創造を阻害しないためには，組織自体の多様性を認める認識の多様性やそのための人的多様性が必要である。そのことは同時に，いかにうまくマネジメントしても，現有事業の最適効率化条件を阻害する可能性がある。

以上から，イノベーションのためには企業に一定のリスクと不効率を許容する資金の余裕が必要である。

したがって，いわゆるリスクマネーの調達が可能なベンチャー企業や覚悟

のリスクマネーを投資できるオーナー企業等でない限りは，現有事業が収益をあげなければならない。

　ここに一種のパラドックスが存在する。不確実性の高いイノベーションを志向するためには，不確実性の低い現有事業で確実に高い収益をあげなければならない。そうして不確実性の低い現有事業であげた虎の子の収益を不確実性の高いイノベーションに投資しなければ，いつか現有事業は衰退し，企業として不確実性の高いイノベーションに投資する以上の危険を招くことになる。

　つまり，イノベーションのためには，イノベーションの必要の少ない確実性の高い事業で収益を確保しなければならない。

(2) 多様で執拗な行動人材の確保

　収益・資金を確保した上で，非連続的イノベーションを活性化，継続するために，次に重要となることは，そのための人材の確保である。

　本書全体で記述してきたように，非連続的イノベーションの実現のためには，実現の不確実性と需要の不確実性を克服するべく多様性の創出とコンテクストの創造に成功しなければならない。したがって，ここで必要となる人材は，それらを可能とする人材である。人材，イノベーション主体の多様性が有効，必要であろうことは，3章でも詳しく述べた通りである。そして7章の多くの事例記述でも見たように，試行錯誤に飽きない執拗な人材を確保する必要がある。

(3) 行動仮説定立による行動の促進

　いかに執拗な人材であっても，その執拗さを発揮するためには，行動仮説の定立が必要である。そのためには，一般に，専門的論理的な高い能力と，柔軟な思考力を合わせ持つ有能な人材が必要である。そして，その人材が次々と仮説を定立し，それに基づいて試行錯誤を繰り返さなければならない。そのためには，仮説，試行錯誤の誤りを咎めてはならない。学習により解析的に排除できることが明らかである誤り以外を咎めてはならない。

2.2 組織マネジメントとリーダーシップ

上述の前提条件を整備した上で，具体的に非連続的イノベーションを成功に導くためには，組織マネジメントとリーダーシップに関して次のことが求められる。

(1) 二律両立のマネジメント

既に見てきたようにイノベーションには，① 意図的計画的であることが重要な側面—擬セレンディピティにおけるコンテクスト創造や組織におけるイノベーション主体の適切な多様性の確保等と，② 発見的受容的であることが重要な側面—偶発的な多様性による貴重な結合の認識や想定外のコンテクスト創造による需要の可能性の深耕等の一見矛盾する二律を両立するマネジメントが求められる。マネージャー，リーダーはイノベーションの進捗の中で，例えば本書で示したイノベーションダイヤグラム等のように，イノベーションがどのような段階にあり，その時点で上記両側面のいずれが必要なのか，さらに，組織の構成員それぞれにとって両側面が今どうあるべきかを判断することが求められる。視野を広げ時間を意識しすぎず発見的受容的であるべき局面・役割なのか，あるいは目的を絞り込み進捗を管理しながら意図的計画的であるべき局面・役割なのか，それを意識した二律両立（使い分け）のマネジメントが求められる。

(2) 動機付けのマネジメント

本書の出発点の議論に戻って，イノベーションは不確実性の克服プロセスである。そして，多様性の創出，試行錯誤には義務感では不可能な動機付けと執拗さが必要とされる。また，コンテクスト創造，コンテクスト発見にはそれを楽しむ心や鋭敏な洞察力が必要である。これは，命令によって成され得るものではない。マネージャー，リーダーはこうしたイノベーションの本質の理解に基づく動機付けを支援する必要があろう。隷属的労働の中からイノベーションは生まれ難いであろうから，飴と鞭の効果は低い，あるいは害をなす可能性が高い。

動機付けの方法は一様ではないだろう。それはイノベーション主体，人にもより，また先に述べたイノベーションの進捗段階—フェーズにもよる。原則として多様性や自主性を重視する自由が大切であるが，あらゆる局面で自由であれば良いという訳でもないであろう。コンテクスト創造の一つの方法論に強い制約の存在があり[4]，技術開発では選択し得る多様性が少ないことが容易に成功に近づく要因となることもある[5]のだから。

(3) 多様性創出とコンテクスト創造の組織能力構築

以上に加え，今後日本企業が高め，保持していくべきと筆者が考えるのは，多様性創出とコンテクスト創造を個別のイノベーションの実現に際して重視することにとどまらず，それらの創出・創造力を組織能力として，構築・蓄積すべきことである。藤本隆宏（2007，22頁）によれば，組織能力とは，「企業がその生存と繁栄のよりどころとして，必要な物事を繰り返しなし得る，個々の企業（あるいは企業群）に特有な組織の力」である。不確実なイノベーションの成功確率を高めるため，多様性創出とコンテクスト創造について，必要に応じてその力を発揮できるように，組織内に能力を蓄積すべきであると考える。これからの企業競争においては，継続的にイノベーションを再現し得る企業に多くの機会・収益が与えられるからである。

ものづくりの組織能力が，IT等の必要要件と企業に固有の人間的・組織的要件から構成されるように，イノベーションのための組織能力もITの仕組みや制度等とその企業の人的組織的DNAとでも呼ぶべき企業文化的側面の複合体となるであろう。

前者としては，各種シーズやコンテクスト（失敗，途中，結果不明等含む）に関するデータベースや多様なイノベーション主体のコミュニケーションシステム等のITインフラ，ダブルテーマを可能とする制度，原則として飴と鞭によらない評価システム等があげられる。

後者としては，イノベーションのための多様性創出やコンテクスト創造の

---

[4] 4章4.4参照。
[5] 7章5.1のCD-R開発における反射率70%実現の事例。

試行錯誤や挑戦・失敗を評価する文化，失敗から学ぶ文化，イノベーターを尊敬・尊重する文化，経営トップ層のイノベーションに対する関心・コミットメント等が重要となろう。

　いずれにしても一つのイノベーションの成功確率を高めるだけでなく，組織能力としてイノベーション力を高めることが必要となろう。

　以上に関して，我々を勇気付けることは，かつてのソニー，長きにわたっての 3M，近年の Google のように組織能力としてのイノベーション力があり得ることを強く示唆する企業が存在していることである。

9章
結　論

1. 本書のモデルと研究の有効性

　本書は，非連続的，軌道変更としてのイノベーション，すなわち不確実性が必然的に随伴するイノベーションを促進，活性化したいという目的意識に基づいた研究，思考の軌跡の記録である。

　そのためには，まずブラックボックスに見えるイノベーションのプロセスをモデル化して，そこで不確実性はどのような姿で現れ，それをいかに克服し得るかを検討した。その結果，実態モデルとして「知識蓄積―結合―価値抽出」を提示し，イノベーションに必然する不確実性が「実現の不確実性」と「需要の不確実性」として把握できることを示した。

　続いて，前者の克服のために「多様性の創出」の論理が，後者の克服のために「コンテクスト創造」の論理が有効であることを導出し，イノベーションプロセスの論理モデル「不確実性―多様性創出―コンテクスト創造」を提示した。

　そして，多様性創出とコンテクスト創造について吟味を深め，既存研究等との関係を確認し，このモデルの有効性，あるいはこのモデルと既存研究の整合性や異同を確認した。

　その上で，イノベーション事例を本書モデルで記述することを通じて，本書モデルの有効性，記述力を確認し，その記述を通じて得られる示唆事項を整理した。ここで得られた示唆事項は8章にまとめたので，ここでは繰り返さないが，本書モデルでの解釈を図式化するイノベーションダイヤグラムの考案とあいまって，多くのイノベーションの構造と進捗の明瞭な理解が可能

となる一体系を得たと認識している。

　したがって，今後，イノベーターであろうとする方が，本書のモデルとイノベーションダイヤグラムに基づいて，イノベーションの大まかな見取り図を作成し，進捗＝不確実性の克服状況を確認し，その克服方策を立案・実行していただくことで，非連続的イノベーションの成功確率が高まるものと確信する。見知らぬ夜道を進むための地形図と歩みの計画方法，記録方法を提案したと考える。

2. 残された課題

　本研究は，「はじめに」でもふれたように，企業における事業の必要条件のうち，「実現」と「需要」に焦点を当てて検討を行ったものである。「競争」と「収益」，つまりイノベーションの結果の差異性をいかに高め維持するか，そして収益をいかに確保するかについては，今後の課題として残されている。

　また，本書の実態・論理モデルで双方向性・再帰性と位置付けたところにモデルの精度の向上とモデルの再構成の余地が存在していると考えている。

　加えて，本書モデルを実証的に評価するという課題があろうかとも考えている。しかし本書の主題は認識フレームの提供にあり，それは第一に，利用者（イノベーターであろうとする方）からの有用性に関する評価に委ねるべき課題と考えている。本書のモデルを実証する意義，術があるか否かについては，じっくり考えたいと思っている。

おわりに

　イノベーションのブラックボックスの中を見通したい，いや，その中について筆者なりの想像を巡らし，イノベーションの理解と促進に役立ちたい，という本書の目論見がどれほど成功したか，その評価は，お読みいただいた方々にお願いしよう。
　「実現」し「価値」を生む，この極めて単純なイノベーションの理解の有用性に共感していただければ幸いである。そのために必要な多様性を創出し，コンテクストを創造する。トランジスターのように偉大なイノベーションでは，その両者のハーモニーが見事である。なんと素晴らしい価値を目指し，なんと見事にそれを実現したのであろうか，とあらためて瞠目する。
　四半世紀前，電機メーカの家電部門で駆けだしのエンジニアであったとき，「使える，面白いね」と言われるものを，できれば必要最小限の複雑さで実現したいと思っていた筆者はやや少数派であったように思う。とにかく複雑で難しいことをやった人が偉い，というのが主流派の意見のようだった。半導体の集積度に関するムーアの法則によれば，それは18ヶ月で2倍になるから，四半世紀前に比べ，十万倍以上の集積度が実現され，複雑さは桁違いである。また，アナログからデジタルへの流れは，ほとんどの機能を力業で実現するものとした。その結果，特にエレクトロニクス製品においては，その複雑さは，我々を惑わせてしまうことも多い。逆にシンプルで美しいと，アップルの製品や一部の欧州の家電機器が極端に礼賛されることもある。しかし，それは「当たり前のこと」ではないだろうか。使う人間の処理能力は5万倍にはならないし，美意識は四半世紀で反転したりしないのだから。
　実は，シンプルで美しいと評される上記の製品達も一皮剥けば複雑である。その携帯電話には，ガラパゴス携帯電話と呼ばれるものにひけを取らず

おわりに　177

に高集積で複雑な機能を持つ MPU が用いられている。それをそのままあらわにしない位置付け方―本書の言葉で言えば，コンテクスト創造が求められる由縁である。

　そうであるならば，我々もコンテクストを想定，創造しよう。筆者は単純にそう考える。少し苦手かも知れないが，始める，そうすべきであると考える。

　結局，イノベーションを実現するためには，複雑さを自らの掌中に収める腕力とそれを相手の掌中の珠とする転換力の両者が必要なのだ。実現と価値，その両立とバランスが求められる。

　そのためには，複雑さ，困難を極める修行も必要だ。その意味では，世界一を目指す誇りが必要だと考える。しかしそれは修行であってあらわにするものではないと思う。モーツアルトやピカソは多作家であり，その習作には，試行しては捨てられた驚くほどの多様性がある。天才もそんな修行をつんだ。そして，自ら納得する作品を世に問うたのである。彼らは，世に問う価値がある作品を選ぶ審美眼（コンテクスト創造）の天才でもあったのだ。モーツアルトが 10 代のベートーベンの即興演奏を聴き，「諸君，この若者に注意したまえ！いつか彼の名は世界に知れ渡るだろう」と賞賛した審美眼は有名である。

　さて，本書において筆者は，既存研究を学び勇気付けられつつも，既存研究を引き継ぐ方法をとらなかった。それは，今までなかった，非連続的イノベーションをモデル化するという既存研究とは異なるゴールを目指していたからである。そして，その結果，荒削りではあるがその目的を達したと考える。

　しかし，本書を書き終えた今，あらためて Herbert A. Simon（1997, pp. 93-97，邦訳，145-149 頁）を紐解いてみると，筆者がここで具体的に語ろうとしたことのポイントについては，全て Simon の『経営行動』にある一般的な理論が見通していると思う。

　Simon は，実際の行動における合理性の限界として次の三つを指摘している。

① 合理性は各選択肢の諸結果の完全な知識と予測を必要とするが，実際には結果に関する知識は断片的である。
② 諸結果と価値を結びつける際に想像によって不足を補わなければならない。しかし価値は不完全にしか予測できない。
③ 合理性は，代替的行動（選択肢）の全ての中から選択することを要求するが，実際には，全てではなくほんの2，3の行動のみしか心に浮かばない。

　本書でテーマとした非連続的イノベーションは，極めて低い合理性の中での選択行動と考えられるが，Simonの指摘をこのイノベーションに当てはめて考えてみると，①はそこには大きな不確実性が存在すること，②は結果の価値を想像しなければならないが，その予測が困難であること，③は実現し価値を予測してみる対象自体に限界があることを示している。

　本書で筆者が四苦八苦したことは，結局Simonの指摘への注釈作りだったようである。まず，非連続的イノベーションの究極的な本質は不確実性であることを確認し（①），なるべく多くを試行するために多様性の創出を提案し（③），結果の価値を予測する必要性を強調し，そのためのコンテクスト創造の意義を語った（②），以上が筆者の注釈である。

　この注釈がイノベーション研究の今後に役立つこと，そして何よりも実務家によるイノベーション実現の一助になることを願って，本書を終えることにする。

参考文献

Andrew S. Grove, *Only the Paranoid Survive: How to Exploit the Crisis Points That Challenge Every Company*, Harper Collins Business, 1996.（佐々木かをり訳『インテル戦略転換』七賢出版，1997年）

Clayton M. Christensen, *The Innovator's Dilemma: The Revolutionary Book that Will Change the Way You Do Business*, Harvard Business School Pr, 1997.（伊豆原弓・玉田俊平太訳『イノベーションのジレンマ—技術革新が巨大企業を滅ぼすとき　増補改定版』翔泳社，2001年）

Gerald M. Weinberg, *Secrets of Consulting: A Guide to Giving and Getting Advice Successfully*, Dorset House, 1985.（木村　泉訳『コンサルタントの秘密』共立出版，1990年）

Gilbert Shapiro, *A Skeleton in the Darkroom: Stories of Serendipity in Science*, Harper Collins, 1986.（新関暢一訳　『創造的発見と偶然』　東京化学同人，1993年）

Herbert A. Simon, *Administrative Behavior*, 4th Edition, Free Press, 1997.（二村敏子他訳『経営行動』ダイヤモンド社，2009年）

Joseph. A. Schumpeter, *Theorie der wirtschaftlichen Entwicklung*, 1926.（塩野谷祐一・東畑精一・中山伊知郎訳『経済発展の理論（上）（下）』岩波書店，1977年）

Karl E. Weick, *The Social Psychology of Organizing*, 2nd ed., McGraw-Hill Humanities, 1979.（遠田雄志訳『組織化の社会心理学』文眞堂，1997年）

Karl E. Weick and Kathleen M. Sutcliffe, *Managing the Unexpected: Assuring High Performance in an Age of Complexity*, Jossey-Bass, 2001.（西村行功訳『不確実性のマネジメント』ダイヤモンド社，2002年）

Pelz Donald C. and Frank M. Andrews, *Scientists in Organizations: Productive Climates for Research and Development*, Pluto Pr; Revised, 1966.（長町三生他訳『創造の行動科学』ダイヤモンド社，1971年）

Peter F. Drucker, *The Practice of Management*, Harper Paperbacks: Reissue, 1954.（上田惇生訳『現代の経営（上／下）』ダイヤモンド社，2006年）

Peter F. Drucker, *Management: Tasks, Responsibilities*, Harper Paperbacks; Reprint, 1973.（上田惇生訳『マネジメント（上／中／下）』ダイヤモンド社，2008年）

Peter F. Drucker, *Innovation and Entrepreneurship*, Harper Collins, 1985.（上田惇生訳『イノベーションと企業家精神』ダイヤモンド社，2007年）

Ralph Katz and Thomas J. Allen, "Investigating the Not Invented Here (NIH) syndrome: A look at the performance, tenure, and communication patterns of 50 R&D Project Groups", *R&D Management*, Volume 12, Issue 1, pages 7–20, January 1982.

参考文献

Richard K. Lester and Michael J. Piore, *INNOVATION THE MISSING DIMENSION*, Harvard University Press, 2004.（依田直也訳『イノベーション「曖昧さ」との対話による企業革新』生産性出版，2006 年）

Rita Gunther McGrath and Ian MacMillan, *The Entrepreneurial Mindset: Strategies for Continuously Creating Opportunity in an Age of Uncertainty*, Harvard Business Press, 2000.（大江　建訳『アントレプレナーの戦略思考技術』ダイヤモンド社，2002 年）

Robert Burgelman, Clayton Christensen and Steven Wheelwright, *Strategic Management of Technology and Innovation*, McGraw-Hill/ Irwin, 2004.（青島矢一他監修，櫻井祐子他訳『技術とイノベーションの戦略的マネジメント（上／下）』翔泳社，2007 年）

Ronald A. Finke, et al., *CREATIVE COGNITION*, The MIT Press, 1992.（小橋康章訳『創造的認知』森北出版，1999 年）

石井淳蔵「市場で創発する価値のマネジメント」『一橋ビジネスレビュー』57（4），20-31 頁，2010 年。

石井正道『非連続イノベーションの戦略的マネジメント』白桃書房，2010 年。

石塚　満「Google の破壊的創造力の内側を垣間見る」『Japio 2010 YEARBOOK』2010 年，76-85 頁（http://www.japio.or.jp/00yearbook/files/2010book/10_1_03.pdf，2011 年 9 月 24 日取得）。

伊丹敬之・森　健一『技術者のためのマネジメント入門―生きた MOT のすべて』日本経済新聞社，2006 年。

板谷和彦・丹羽　清「不確実性の高い研究開発における少人数型 R&D マネジメント」『研究・技術計画学会　年次学術大会講演要旨集』20（2），2005 年。

稲川哲浩『21 世紀の挑戦者　クアルコムの野望』日経 BP 社，2006 年。

印南一路『すぐれた意思決定』中央公論社，1997 年。

岩井克人『会社はこれからどうなるのか』平凡社，2003 年。

インテル（株）『インテルの歩み』Jan., 2011 年（http://www.intel.com/jp/intel/history.pdf，2011 年 9 月 6 日取得）。

ウィリアム・ファイナン／ジェフリー・フライ『日本の技術が危ない』日本経済新聞社，1994 年。

江崎玲於奈『限界への挑戦』日本経済新聞社，2007 年。

NHK 取材班『グーグル革命の衝撃』NHK 出版，2007 年。

小川紘一『国際標準化と事業戦略』白桃書房，2009 年。

菊池　誠『友よ，科学の根を語ろう』工学図書，2003 年。

菊池　誠『若きエンジニアへの手紙』工学図書，2006 年。

黒木靖夫『ウォークマンかく戦えり』ちくま文庫，1990 年。

後藤　晃・児玉俊洋『日本のイノベーション・システム：日本経済復活の基盤構築にむけて』東京大学出版会，2006 年。

榊原清則『日本企業の研究開発マネジメント』千倉書房，1995 年。

篠原久典『ナノカーボンの科学』講談社，2007 年。

白川英樹『化学に魅せられて』岩波書店，2001 年。

住友スリーエム（株）『ポストイットノート』（http://www.mmm.co.jp/develop/story2-1.

html，2011 年 9 月 5 日取得）
高橋伸夫編著『生存と多様性』白桃書房，1999 年。
田中耕一『生涯最高の失敗』朝日新聞出版，2003 年。
天外伺朗『人材は「不良社員」からさがせ』講談社，1988 年。
天外伺朗「成果主義がソニーを破壊した」『文藝春秋』，2007 年 1 月号，146-154 頁。
出川　通『技術経営の考え方』光文社，2004 年。
日経ビジネス編『明るい会社　3M』日経 BP 社，1998 年。
丹羽　清『技術経営論』東京大学出版会，2006 年。
沼上　幹『経営戦略の思考法』日本経済新聞社，2009 年。
野中郁次郎・竹内弘高『知識創造企業』東洋経済新報社，1996 年。
延岡健太郎・青島矢一「CD-R 事業を創造した開発リーダー」『一橋ビジネスレビュー』
　　56（4）116-125 頁，2009 年。
延岡健太郎「価値づくりの技術経営「MOT」価値づくりの技術経営―意味的価値の重要
　　性」『一橋ビジネスレビュー』57（4）4-19 頁，2010 年。
濱崎和磨・丹羽　清「イノベーションのための試行錯誤マネジメントの提案」『北陸先端
　　科学技術大学院大学　年次学術大会講演要旨集』22，2007 年。
原　吉伸『MOT ステージゲート法』日科技連出版社，2005 年。
藤末健三『技術経営論』生産性出版，2005 年。
藤村修三『真空管からトランジスタへ―半導体産業の誕生と発展』社団法人如水会，2004
　　年 10 月 12 日（如水会館での講演資料，http://jfn.josuikai.net/josuikai/21f/57/fujim/
　　fjm.htm，2011 年 8 月 9 日取得）。
藤本隆宏『ものづくり経営学』光文社，2007 年。
前川佳一『研究開発マネジメント：リスクと資源投入』神戸大学大学院経営学研究科
　　加護野忠男研究室，2007 年（http://www.lib.kobe-u.ac.jp/repository/thesis/d1/
　　D1003854.pdf，2011 年 9 月 24 日取得）。
蓑宮武夫『されど，愛しきソニー』PHP 研究所，2010 年。
宮永博史『成功者の絶対法則　セレンディピティ』祥伝社，2006 年。
一橋大学イノベーション研究センター『イノベーションマネジメント入門』日本経済新聞
　　社，2001 年。
森　健一・八木橋利昭『日本語ワープロの誕生』丸善株式会社，1989 年。
森　健一『ワープロが日本語を覚えた日』三田出版会，1990 年。
山崎宏之・鈴木　浩・山田郁夫「多様性の経営」『北陸先端科学技術大学院大学　年次学
　　術大会講演要旨集』14，1999 年。

事項索引

【1-9, A-Z】

15％ルール　　45, 127
3M　　i, 45, 46, 48, 57, 96, 127, 158, 173
4004　　132
8mmビデオカメラ　　85
AT&T　　117
CDMA　　96, 102, 144
CD-R　　96, 102, 138
D-RAM　　14
ENIAC　　28
Facebook　　i
Google　　i, 45, 46, 57, 102, 148, 158, 173
——AdWords　　96, 102, 148
HDD　　65
IBM　　21, 132
IC　　6
iPhone　　54
iPod　　5, 54, 73
M&A　　42
MOT　　49, 67, 164
MPU　　14, 48, 71, 96, 101, 131
NEWS　　87
NIH（Not Invented Here）　　85
NOO（Not Original Objection）　　85
PS3　　54
X線　　94

【ア行】

アイボ　　87
アセチレン　　109
アップル　　i, 5, 56
アナロジー　　63
アメリカ　　i
アルゴリズム　　89

アンダーザテーブル研究　　45
いぬのきもち　　75
イノベーション　　i
——ダイヤグラム　　98
——のジレンマ　　25, 64, 86
——の定義　　9, 22
——の七つの機会　　66
——の遍在性　　16
意味的価値　　54
インテル　　14, 48, 71, 96, 101, 131
ウォークマン　　i, 2, 14, 71, 90, 96, 101, 122
失われた20年　　vii
駅馬車から汽車への変化　　10
エコロジカル・アプローチ　　38
エサキダイオード　　95
エレクトロニクス　　17
——技術　　56
エンジニアリング・カルチャー　　82
オーバーチェア　　149
オープンイノベーション　　15

【カ行】

カオス　　158
学習　　24, 31, 75, 162
隠れ研究　　126
仮説　　91
価値存在の偶有性　　59
価値づくり　　53, 56, 57
——論　　53
合併　　41
カーボンナノチューブ　　168
カラーテレビ　　14
ガラパゴス　　iv
環境適応　　34
韓国　　i
カンパニー化　　84

事項索引　183

機会形成　60
技術革新　8
擬セレンディピティ　93, 94, 154
軌道変更　vi, 10, 174
機能的価値　54
機能変更　59
クアルコム　144
偶然　95, 116, 89
グローバリゼーション　4
クロール　148
携帯電話　13, 96
結合　12
　——主体　89
　——主体の活動の多様性　89
研究業績　38
研究所環境　38
検索　148
幸運　95
公的同調　83
高度成長　4
高分子質量測定法　95, 119
高分子測定法　101
効率経営　88
コモディティ　iv
コンテクスト　26, 28
　——・アドプション　96, 102
　——・イノベーション　96
　——・コンバージョン　96, 101, 156
　——・レバレッジ　96, 102
コンピュータ　21
　——断層撮影（Computed Tomogra-phy）　2

【サ行】

サイエンスリンケージ　9
再帰性　29
再帰的構造　19
細菌画　106
再結合　14
差異性　3, 28, 56
産業革命　3
産業資本主義　3, 17
産業予備軍　4
事業部制　84

試行錯誤　24, 31, 35, 38, 75, 162
思考実験　19, 29
自然淘汰　34
実現の不確実性の遷移　98
実質賃金率　3
私的同調　83
死の谷　50
資本主義　3
島津製作所　119
シミュレーション　19, 29
ジャパンアズナンバーワン　vi
集団就職　4
受動的な洞察　76
需要の不確実性の遷移　98
小学生のサッカー　88
商業資本主義　3
冗長性　44, 46, 162
真空管　113
新結合　iii
人口構造　4
新事業　iv
真セレンディピティ　94, 153
ステージゲート法　51
生活者インサイト　59
生態系　56
接合型トランジスター　116
セレンディピティ　47, 70, 77, 94, 101
戦略転換点　136
創造的ビジネス　vii
想定外　90, 93
双方向性　19, 29, 92
組織間同型化　82
組織内同型化　82
組織能力　56, 172
ソニー　2, 45, 56, 57, 84, 87, 96, 173

【タ行】

ダイソンの掃除機　54
ダイナマイト　95
太陽誘電　138
ダーウィンの海　50
多角化　34, 38
多様性　23, 34
　——のインテグレーション　37

184　事項索引

短期的業績志向　87
知識　13
中国　i
適者生存　34
点接触型トランジスター　116
電卓　132
電話　113
同一化　86
動機付け　24, 154, 155
洞察　75, 91
東芝　3, 45, 73, 87
同調圧力　83
導電性ポリマー　94, 101, 109
トランジスター　i, 6, 32, 47, 70, 72, 89, 95, 101, 113
　——ラジオ　2
トンネルダイオード　168

【ナ行】

内的コンテクスト　70, 134
ニッチビジネス　46
日本語ワープロ　i, 3, 20, 45, 73, 87
任天堂 Wii　54

【ハ行】

ハーレーダビッドソン　58
反結合　14
万有引力　94
ビジコン　132
ビジネスモデル　iv, 56, 72, 96
日立製作所　45
必要多様性　38, 141
ビデオテープレコーダー　vi
一橋大学イノベーション研究センター　7
ヒューズ　145
ヒューリスティック　75, 90
不確実性　10, 12, 20, 28, 31, 161
伏線　77, 107
ブドウ球菌　103

ブートレッギング（密造酒造り）　128
ブラックボックス　i
ブルーミングデイル　66
文系　18
分社　84
ヘッドフォンステレオ　124
ペニシリン（抗生物質）　i, 47, 77, 90, 94, 101, 102
ベル研究所　117
ボーキサイト　26, 66
保護区（サンクチュアリ）　33
ポストイット　48, 72, 96, 101, 127
ポスト産業資本主義　3, 27, 56
ホンダ　91

【マ行】

マイクロエレクトロニクス　6
マイクロソフト　21
マイクロプロセッサ　14
マーケットイン　92
マーケットテスト　46
マーケティング　51, 58
マニュアル　90
魔の川　50
マルチテーマ　44
三菱電機　36
メイシー　66
メタ・イノベーション　27, 90
メタファー　63
ものづくり　53, 57

【ヤ行】

闇研究　45

【ラ行】

理系　18
リゾチーム　77, 103
リンカビット　145
労働生産性　3

人名索引

【A-Z】

Andrew S. Grove　　14, 136, 158
Christensen　　25, 58, 64, 68, 166
Drucker　　ii, 26, 66, 68, 166
Herbert A. Simon　　177
Pelz & Andrews　　38, 163
Robert Burgelman　　86
Schumpeter　　ii, v, 10, 13

【ア行】

アーウィン・ジェイコブズ　　145
アート・フライ　　127
アンドリュー・グローブ　　71, 133
アンドリュー・ビタービ　　145
石井淳蔵　　58
石井正道　　60, 88, 165
伊丹敬之　　87
井深大　　71, 123
岩井克人　　3
印南一路　　83
江崎玲於奈　　95
エジソン　　2
小川紘一　　134

【カ行】

菊池誠　　6, 72
黒木靖夫　　123
ケリー　　72
ゴードン・ムーア　　71, 133

【サ行】

榊原清則　　82
ショックレー　　32, 47, 72, 95, 113
白川英樹　　109
スティーブ・ジョブズ　　56
スペンサー・シルバー　　127

【タ行】

高橋伸夫　　34, 38, 41, 163
田中耕一　　95, 119
出川通　　50, 164
天外伺朗　　87
土井利忠　　87
トーマス・ワトソン　　21

【ナ行】

中島平太郎　　139
ニュートン　　94
丹羽清　　34, 35, 94, 163
沼上幹　　10
野中郁次郎　　63, 67, 166
延岡健太郎　　53, 164
ノーベル　　95

【ハ行】

バーディーン　　33, 114
浜田恵美子　　138
ビル・グロス　　150
ビル・ゲイツ　　21
ファイナン／フライ　　82
藤村修三　　116
藤本隆宏　　172
ブラッデン　　114
フレミング　　vi, 47, 77, 78, 90, 94, 102

【マ行】

前川佳一　　8, 155
マクダイアミッド　　110
マービン・ケリー　　113
蓑宮武夫　　84
森健一　　20, 73, 87
盛田昭夫　　56, 71, 90, 123

【ヤ行】

矢野正晴　40, 163
山崎宏之　36, 163

【ラ行】

ライト兄弟　20

レン・クラインロック　145
レントゲン　94

著者略歴

志賀　敏宏（しが　としひろ）

1956年大阪府生まれ。東京大学 教養学部 基礎科学科卒業（液晶物性専攻）。
㈱日立製作所入社，家電研究所にて半導体撮像素子によるビデオカメラの開発・電子回路設計，関連する半導体レイアウト設計，シミュレーション，特許出願等に従事。
その後，㈱三菱総合研究所入社。エレクトロニクス，自動車関連企業等の新製品開発，新規事業，事業領域構築等，50社あまりの経営コンサルティングに従事。事業構造研究室長，eストラテジーグループ・リーダー，ベンチャー支援事業部シニアコンサルタント等の任にあたる。
2005年から青森公立大学経営経済学部地域みらい学科教授（現職），事業構想論・商品開発論等を担当。
研究分野は，イノベーションマネジメント，内発的動機付け，エレクトロニクス・IT企業の経営，IT活用による企業経営等。
㈳研究産業協会研究開発サービス生産性向上委員会，青森県 研究開発外部評価委員会，三菱マーケティング研究会講師等の社会・実務活動にも従事。早稲田大学理工学部 ナノ・IT・バイオ知財経営戦略スキルアッププログラム終了。

論文・著作

「日本産業の自律再生を急げ─産業再生は不作為を原則とすべし─」『論争東洋経済』（東洋経済新報社，1999年7月）。

「ITは日本の経営を変えるか─日本の伝統的企業はITで再生を果たせるか─」『論争東洋経済』（東洋経済新報社，2000年5月）。

『日本産業読本［第8版］』（東洋経済新報社，2006年）共著。

『技術とイノベーションの戦略的マネジメント（上・下）』（クレイトン・M・クリステンセン，ロバート・E・バーゲルマン他著，翔泳社2007年）共同監修。

「青森県の中小企業におけるIT利活用の進展段階」『青森公立大学経営経済学研究第13巻・第2号』（2007年）共著。

「プロダクト・イノベーションを促進する動機づけマネジメント」『同前 第14巻・第1号』（2008年）。

「オクシモロンモデルによるセレンディピティーの考察」『同前 第15巻・第2号』（2010年）等。

イノベーションの創発プロセス研究

2012年4月1日　第1版第1刷発行	検印省略

著　者　　志　賀　敏　宏

発行者　　前　野　　　弘

発行所　　株式会社　文　眞　堂
東京都新宿区早稲田鶴巻町533
電話　03(3202)8480
FAX　03(3203)2638
http://www.bunshin-do.co.jp/
〒162-0041　振替00120-2-96437

印刷・モリモト印刷　製本・イマヰ製本
© 2012
定価はカバー裏に表示してあります
ISBN978-4-8309-4759-9 C3034